Collection
"Découvre la Mer"

GUIDE DES POISSONS CORALLIENS DES ANTILLES

Christine et Lionel PARLE

PLB EDITIONS

REMERCIEMENTS

Les auteurs adressent leurs remerciements :

-au Docteur José FIFI, Directeur des Services Vétérinaires de la Guadeloupe, qui nous a offert la possibilité, dans le cadre de notre exercice professionnel, de nous intéresser particulièrement au secteur des pêches maritimes.

-à Claude BOUCHON, Yollande BOUCHON-NAVARO et Max LOUIS, de l'Université Antilles-Guyane, qui nous ont aimablement permis d'accéder à leur documentation du laboratoire de Biologie (Campus de Fouillole).

-au Professeur BOURDEAU de l'Ecole Nationale Vétérinaire de Nantes, pour ses informations sur la ciguatera et ses conseils utiles.

-au Docteur Philippe FOURGEAUD, Directeur des Services Vétérinaires de la Martinique, qui, en tant que président du C.R.E.S.S.M.A., nous réserva le meilleur accueil dans ce centre de plongée.

-à Dominique DERAMÉ, Président du Comité Régional Guadeloupe d'Études et Sports Sous-Marins, pour son accueil en plongée et ses précieux conseils.

-à tous nos amis plongeurs qui nous ont parfois indiqué la présence de spécimens intéressants.

-à tous nos amis marins-pêcheurs, et spécialement ceux de la COPENORD à Port-Louis, en souvenir de notre travail en commun.

-à Pierre PARLE et Albert VAILLOT pour leur aide technique dans la collecte de certains spécimens.

-à Frédéric et Céline PARLE, leurs petits "poissons" préférés, pour leurs encouragements.

L' éditeur adresse ses vifs remerciements :

-à Chantal MATTET pour sa patience sans égale et son travail de tous les instants.

-à Nicole DUMONT et Jean PETIT LE BRUN pour leur aide et leurs encouragements.

-à Daniel DURAND pour son amicale et précieuse présence.

-à Henri MARTIN, directeur d'Electronautic ; à Dominique DERAMÉ du club de plongée Les Heures Saines, à Josiane et Christian LIARD de Nautica Antilles, à Eric EVRAD , pour leur aide et leurs conseils.

Conception et PAO : Thierry PETIT LE BRUN
Cartes par INTERLIGNE Studio.
Crédit photos : MAP / Mauro BERNASCONI, p. 29
Illustrations : © Thierry PETIT LE BRUN
Photogravure : Art Nord
Imprimé en France par PARTENAIRES FABRICATION
©1995 THŸAN Editions, Guadeloupe ISBN 2 - 911333 - 00 - 4 Dépot légal : Décembre 1995
©1996 PLB Editions, 85, route de Nérée 97139 Abymes- Guadeloupe ISBN 2 - 912300 - 00 - 2

RENCONTRES

Dès ma jeune enfance, j'ai évolué dans un milieu familial où la Mer faisait partie intégrante de notre habitation. C'était un trois-pièces-cuisine avec pour annexe l'immensité bleue et salée des conversations joyeuses des retours de pêche, ponctuées par les couleurs et la taille des prises. Mon imaginaire de petit garçon s'inventait une aventure avec chaque poisson, un farouche combat dans des tourbillons d'écume pour la capture de ce Chatou, une poursuite à boire dix tasses pour triompher du Thazard.

A la plage, le premier masque de plongée porté me fit découvrir la frontière du "Nouveau Monde" : ses émissaires, Blanches et Orphies, ses premiers coraux, ses premières prairies d'algues où glissent Demoiselles, Chats et Bananes, ses sentinelles dangereuses, les Oursins Noirs.

Nous capturions, mon frère et moi, des Demoiselles réfugiées dans des conques-à-Lambi vides, des Dormeurs que nous mettions dans un seau avec sable, algues et cailloux ; c'était notre petit morceau d'océan à nous.
Arriva le temps des premières chasses, plus loin en avant dans le "Nouveau Monde", plus profond, plus fascinant...

Ma rencontre avec Christine et Lionel Parle s'est produite au moment où je cherchais une façon d'exprimer le plaisir que j'éprouve à être dans la mer, pour le communiquer, faire découvrir et aimer le "sous la mer". Ils avaient conçu "le Guide des Poissons coralliens des Antilles".

Scientifiques de leur état, Christine et Lionel Parle ont joint à la rigueur de rédaction de leur entreprise, la richesse d'une iconographie sous-marine personnelle, fruit de six années de plongées et de centaines de photographies. La qualité du manuscrit, des photographies et l'absence d'ouvrage de ce type, en français, sur notre milieu corallien ont entériné ma conviction de donner une forme littéraire à leur passion. Dans la volonté de faire connaître la richesse de notre faune corallienne, il leur a semblé indispensable de faire figurer aux côtés des noms scientifiques latins ou français les noms créoles des Familles décrites. Chat, Sarde ou Zôfi se rattachent désormais à l'étymologie de Scaridés, Lutjanidés et Bélonidés dans la chaîne de la Connaissance.

Connaître le "sous la mer"est un moyen de dissoudre les angoisses que génère l'océan dans sa puissance extérieure, de l'appréhender autrement. Il me semble que ce guide soit une de ces clés qui puisse permettre à l'homme de rester digne et respectueux en entrant dans le "Nouveau Monde".

L'éditeur.

LES AUTEURS

Le Docteur Lionel PARLE contracte le virus de la plongée sous-marine durant ses études de vétérinaire à l'Ecole d'Alfort.

En 1980, alors qu'il effectue son service militaire en Martinique, la découverte des fonds marins tropicaux lui révèle sa passion pour la Faune corallienne. Afin de maîtriser l'incursion sous-marine, Lionel Parle devient moniteur de plongée, breveté d'Etat en 1983.

En 1989, juste avant le cyclone Hugo, le Docteur PARLE s'installe en Guadeloupe avec sa famille. Son travail, dans le cadre du contrôle sanitaire des produits de la pêche, l'amène à l'étude des poissons tropicaux. A la nouveauté des espèces découvertes, se mêle la chaleur des rencontres avec les pêcheurs : les noms créoles des prises qui varient d'un bord de l'île à l'autre, les histoires sur le comportement de tel ou tel poisson.

Le désir de rencontrer et d'étudier les poissons le conduit à multiplier les plongées et les expéditions. A son équipement classique de plongeur, il ajoute un matériel photographique qui lui permet de garder, plus qu'un témoignage de ses rencontres, des documents d'étude et de comparaison des espèces qui constituent aujourd'hui l'essence de cet ouvrage.

Christine PARLE est technicienne de laboratoire en Biophysique. Ses premiers travaux sur le Monde Sous-marin ont lieu à l'Institut Océanographique de Paris (1976-1979). Elle découvre la plongée sous-marine en Martinique avec son mari, le Docteur Lionel PARLE en 1980.

Depuis l'installation de la famille PARLE en Guadeloupe en 1989, Christine PARLE participe aux travaux de son mari avec lequel elle partage cette même passion du monde sous-marin : apprendre et faire découvrir les poissons tropicaux. L'exercice de son sens aigu de la détection et de l'observation des poissons de l'arc des Petites Antilles, lui permet de nous donner ce témoignage de la richesse de notre faune.

AVANT - PROPOS

Ce guide devrait répondre à l'attente de nombreux plongeurs qui souhaitent pouvoir compléter leurs observations par une meilleure connaissance des espèces. Il s'adresse en priorité à tous ceux qui pratiquent l'incursion sous-marine, sous quelque forme que ce soit : plongeurs avec scaphandre, promeneurs de surface ou chasseurs sous-marins. Mais il intéressera également les aquariophiles, tous les pêcheurs, amateurs ou professionnels et, d'une façon générale tous ceux qui fréquentent les bords de mer et les points de vente de poisson.

Il est le résultat de nombreuses rencontres quasi quotidiennes avec les marins-pêcheurs et de plusieurs centaines d'heures d'observation sous-marine.

Nous nous sommes efforcés d'avoir recours à des méthodes simples et accessibles à tous pour la reconnaissance des différentes espèces, en insistant surtout sur l'observation des comportements et des habitudes propres à chaque poisson. La recherche de détails anatomiques précis n'est envisagée que pour distinguer des espèces très voisines et les quelques termes scientifiques employés sont définis en introduction ou dans le glossaire.

Les descriptions sont suivies de brefs renseignements sur le mode de vie des poissons, sur leur alimentation et leur reproduction. Quelques conseils de prudence sont donnés pour prévenir les accidents avec les rares espèces agressives ou venimeuses. Les espèces vénéneuses (ou susceptibles de l'être) sont signalées au pêcheur ou au consommateur avec quelques informations sur le problème de la ciguatera.

En utilisant ce guide, le plongeur aura le plaisir de rechercher et de découvrir des espèces insoupçonnées. Nous pensons en particulier aux poissons de petit format qui recèlent tellement de curiosités et de merveilles pour les yeux. Mieux observer, mieux connaître, c'est également apprendre à respecter : respecter le fragile environnement corallien par la maîtrise de ses gestes en plongée et respecter le poisson lui-même si l'on est chasseur sous-marin, en exerçant cette activité loyalement et sans acharnement.

Nous aurons atteint notre but si ce guide, en faisant mieux connaître le milieu corallien pouvait contribuer à faire aimer et surtout préserver cet environnement pour le plus grand bonheur des générations présentes et futures de plongeurs.

SOMMAIRE

DOMAINE D'UTILISATION

Ce guide est consacré à l'identification des poissons coralliens, au sens large du terme. C'est à dire que l'on y trouvera non seulement les poissons benthiques, étroitement associés au récif, mais également certaines espèces pélagiques susceptibles d'y effectuer des passages (Requins, Carangues, certains Thazards), ou même des poissons vivant sur les zones sableuses ou herbeuses au voisinage immédiat des massifs coralliens.

Sont en revanche exclues de cette étude les espèces strictement inféodées à des eaux troubles sur fond de vase ou de mangrove ou inversement les pélagiques exclusifs, habitués à la haute mer et jamais rencontrés près des côtes (Requins du large, Coryphènes, Marlins etc) ou encore les poissons benthiques de grande profondeur (hors des plateaux continentaux) qui vivent au-delà des limites accessibles à la plongée sportive (65m).

En d'autres termes, nous avons essayé de recenser les espèces que nous avons pu observer lors de nos incursions sous-marines dans le milieu corallien ou son voisinage immédiat ; ces poissons qui, par leurs couleurs vives et variées, par leurs formes extraordinaires, constituent l'une des merveilles des fonds marins tropicaux.

Le domaine d'observations et de collectes de clichés a été l' ensemble de l'arc des Petites Antilles (fig. 2) et tous les auteurs confirment que le peuplement en espèces de poissons est à peu près le même dans toute la zone intertropicale de l'Atlantique ouest. C'est dire que le présent guide restera utilisable, à quelques nuances près, dans toute la zone Caraïbe et également aux Bahamas et en Floride (fig. 1).

Figure 1 : Amérique Centrale

Figure 2 : Arc des Petites Antilles

NOTIONS DE MORPHOLOGIE ET D'ANATOMIE

Les poissons sont des Vertébrés adaptés à la vie aquatique. En tant que Vertébrés, ils possèdent un squelette dont la partie essentielle est la colonne vertébrale (la grosse "arête" centrale), sur laquelle s'articulent la tête, les côtes (petites "arêtes" du ventre) et, de façon plus indirecte, les nageoires.

Seuls les éléments d'anatomie externe, utiles à l'observation et la reconnaissance des espèces, sont présentés ici.

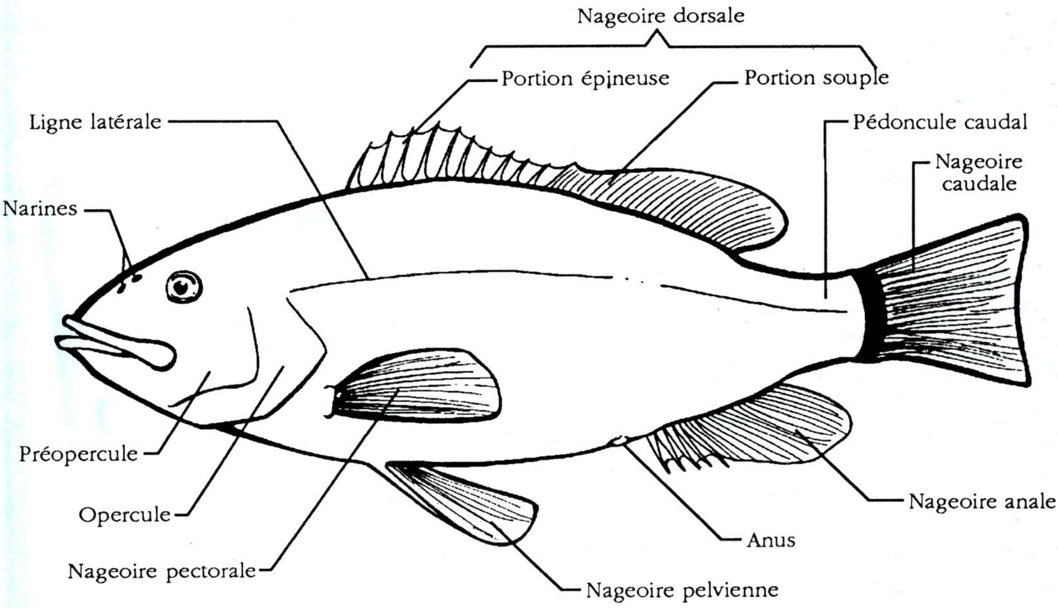

Figure 3 : Anatomie externe d'un poisson

Certaines nageoires sont considérées comme les ébauches de ce que sont les membres chez les vertébrés terrestres. Les homologues des membres antérieurs sont les **nageoires pectorales** (une de chaque côté du corps), insérées juste en arrière de la tête. De la même façon, les homologues des membres postérieurs sont les **nageoires pelviennes**, insérées sous le ventre. Si les pelviennes sont effectivement placées en position ventrale postérieure chez les poissons les plus primitifs, on ne devra pas être surpris de les voir situées sous les pectorales et même plus en avant chez beaucoup d'espèces. Nageoires pectorales et pelviennes sont collectivement dénommées **nageoires paires**.

A l'inverse, les **nageoires impaires** sont celles qui sont implantées dans l'axe du corps : la **nageoire dorsale** souvent divisée en deux parties ; puis, la **nageoire anale** et la **nageoire caudale**.

La nageoire dorsale comprend souvent une partie antérieure **à rayons épineux rigides**, et une partie postérieure **à rayons souples**. La nageoire anale est également souvent sous-tendue par quelques rayons épineux suivis de rayons souples. La nageoire caudale est de forme variable : son bord postérieur peut être convexe, rectiligne, concave ou même nettement fourchu avec deux lobes allongés.

La **ligne latérale** est un organe sensitif en contact avec l'eau par des pores. C'est l'alignement de ces pores, très proches les uns des autres, qui est la partie visible de cet organe. Grâce à la ligne latérale, le poisson perçoit la pression de l'eau qui s'exerce sur ses flancs. De très faibles et rapides variations de pressions le renseignent sur la position des obstacles, les courants et les mouvements des proies ou des prédateurs.

Les **branchies** assument la fonction respiratoire grâce au courant d'eau entrant par la bouche et évacué par plusieurs **fentes branchiales** latérales. Chez les poissons osseux, les fentes branchiales sont recouvertes par un **opercule**, souvent renforcé en avant par une plaque osseuse appelée **préopercule**. Les branchies sont de minces lamelles membraneuses insérées sur des arcs rigides incurvés, appelés **arcs branchiaux**, et placés parallèlement d'avant en arrière. Chez certaines espèces, les arcs branchiaux portent, du côté opposé aux lamelles branchiales, une série d'épines appelées **branchiospines**. Ces épines constituent une sorte de **peigne branchial** servant de tamis pour retenir les petites particules alimentaires qui, sans lui, seraient entraînées dans le courant respiratoire. Les espèces se nourrissant de plancton ont généralement un nombre élevé de branchiospines, à l'opposé des poissons se nourrissant de proies de grande taille (certains n'ont même pas de branchiospines).

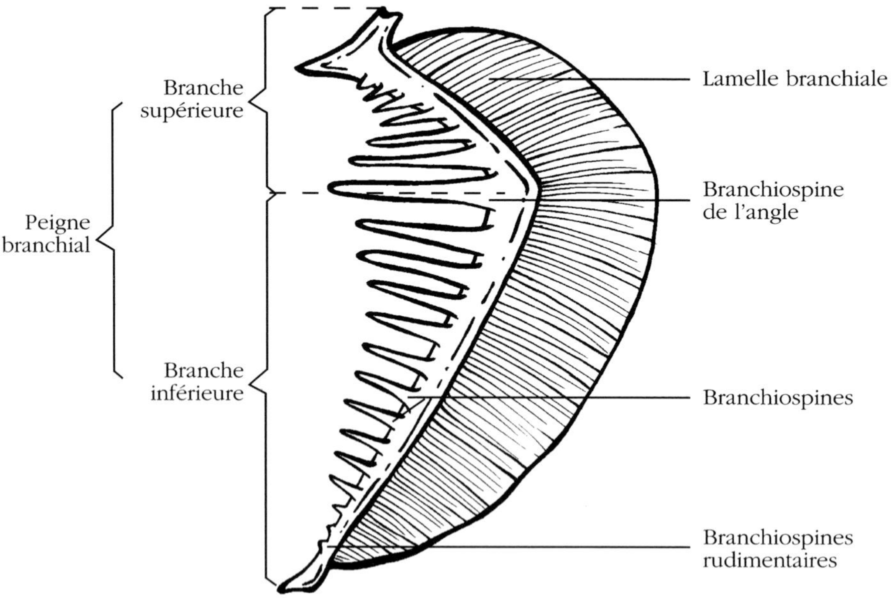

Figure 4 : Détail d'un arc branchial

MÉTHODES DE DÉTERMINATION

La détermination est le raisonnement qui commence avec l'observation des caractères morphologiques puis anatomiques et, par déduction, aboutit à décider de l'appartenance d'un spécimen à une espèce connue.

Une première orientation sera donnée en trouvant la Famille dans laquelle se classe le poisson, en utilisant les silhouettes-types et les commentaires donnés en présentation de chaque groupe d'espèces. Mais avec l'habitude, on parvient facilement, d'après l'allure générale du poisson, à le rattacher à une Famille donnée.

Au sein d'une Famille, l'observation des figures permet généralement, avec l'aide des commentaires, de déterminer rapidement l'espèce. Dans certains cas, il sera nécessaire de faire appel à des caractères morphologiques et anatomiques précis dont certains ne seront utilisables que sur un poisson pêché :

* Comptages des rayons de nageoires : pour tous ces comptages, il sera nécessaire d'être extrêmement minutieux afin de ne pas oublier les premiers rayons souvent rudimentaires ou rabattus dans un repli de peau :
  - Nombre de rayons épineux de la dorsale.
  - Nombre de rayons souples de la dorsale.
  - Nombre de rayons de la nageoire pectorale.
  - Nombre de rayons épineux de l'anale.
  - Nombre de rayons souples de l'anale.

* Comptages de branchiospines : là aussi, il conviendra de compter toutes les branchiospines y compris les plus rudimentaires à l'extrémité inférieure de l'arc branchial :
  - Nombre total de branchiospines.
  - Nombre de branchiospines de la branche supérieure.
  - Nombre de branchiospines de la branche inférieure (y compris celle située dans l'angle).

* Mesures de longueurs (fig. 5) :
  - Longueur totale (LT) : mesurée depuis le bout du museau jusqu'au point extrême de la caudale, c'est la longeur généralement utilisée en légende des illustrations.
  - Longueur standard (LS) : mesurée depuis le bout du museau jusqu'à la base de la caudale (soit la terminaison de la colonne vertébrale). Ce dernier point est déterminé par l'apparition d'un pli de peau lorsqu'on essaie de plier la caudale latéralement ; la LS est souvent préférée dans les études systématiques sur les poissons et donc utilisée dans certains caractères de détermination.
  - Longueur à la fourche (LF) : surtout utilisée pour la mesure des espèces à caudales fourchues (ex. : Carangidés) pour lesquelles la mesure de la LT est imprécise (voir fig. 5).
  - Hauteur du corps.
  - Hauteur du pédoncule caudal.

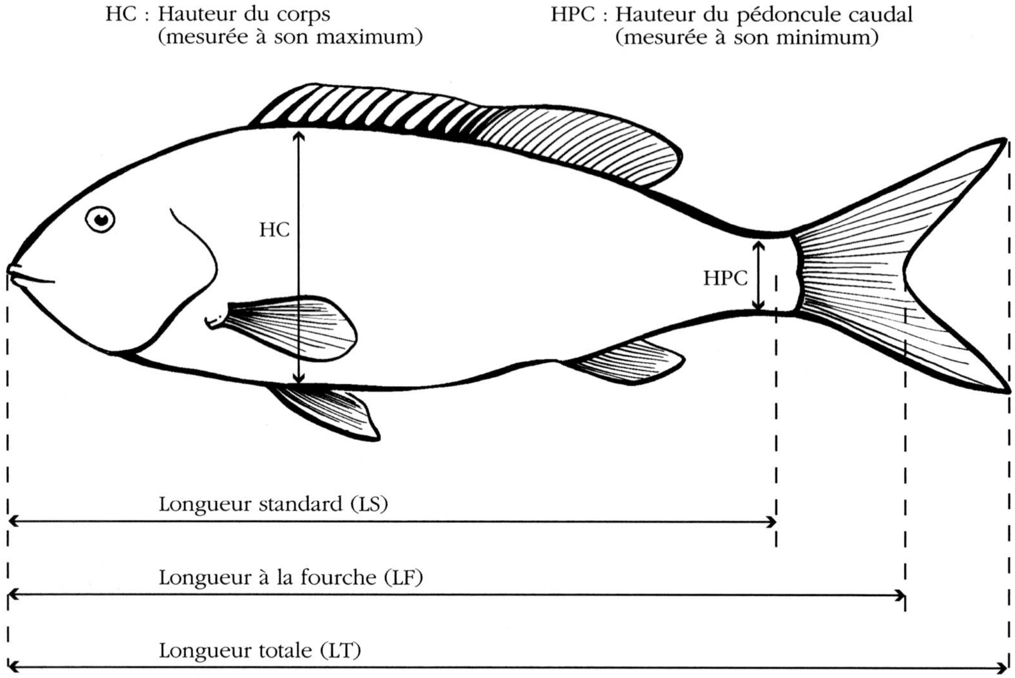

Figure 5 : Mensurations d'un poisson

Certaines démarches de détermination sont présentées sous la forme de **clés** dont l'utilisation consiste à répondre à une succession de questions à choix multiples.
Lorsqu'on aborde, par exemple, la clé de détermination des Mérous (p. 65), on doit d'abord répondre au choix entre les deux possibilités de type A : **A** ou **AA** :

A = Nageoire dorsale à 9 rayons épineux..................... *Cephalopholis*

AA = Nageoire dorsale à 11 rayons épineux :

- **B** = Nageoire anale à 7 à 10 rayons souples (rarement 10).. *Epinephelus*
- **BB** = Nageoire anale à 11 à 14 rayons souples... *Mycteroperca*

Le choix **A** mène directement à un nom de Genre. En revanche le choix **AA** implique de répondre à un deuxième choix entre les deux possibilités de type B : soit **B,** soit **BB** qui mènent chacune à un nom de Genre. Après une succession de choix, la clé permet ainsi de s'orienter vers un Genre ou une espèce que l'on confirmera ensuite à l'aide du texte descriptif et des illustrations.

L'observation des couleurs mérite une attention toute particulière, en raison des nombreuses variations possibles :

-Variations de couleurs propres aux poissons :
De nombreux poissons changent de couleurs en fonction de leur âge ou de leur stade de maturité sexuelle. Mais on en connaît aussi qui sont capables de changer rapidement de nuances en fonction de leur état d'excitation ou de stress, ou en fonction des couleurs du milieu dans lequel ils évoluent (c'est le **mimétisme** : sorte d'aptitude au camouflage). C'est ainsi que certaines descriptions mentionnent deux ou plusieurs **phases colorées**.

-Variations de couleurs liées aux conditions d'observations :
En observation sous-marine, la vision des couleurs est étroitement dépendante de l'absorption de la lumière en fonction de la profondeur. Les plongeurs savent notamment qu'au delà des 5 premiers mètres, la couleur rouge est complètement absorbée. En revanche, le fait d'allumer une lampe sous l'eau rétablit les couleurs. Il ne faut donc pas être surpris des variations extrêmes de couleur entre un poisson observé en lumière naturelle et un poisson observé avec une lampe ou une photo d'un poisson éclairé au flash. Les mêmes variations interviennent lorsqu'un poisson est pêché et sorti de l'eau, avec de surcroît, pour certaines espèces, des modifications rapides de couleurs au moment de sa mort. Afin de ne pas être trompé par tous ces jeux de lumière et de couleurs, le lecteur est invité à ne pas se contenter de l'observation des illustrations mais à lire attentivement les commentaires donnés pour chaque espèce.

Dans son milieu.
Mycteroperca venenosa
Hors de l'eau.

LES NOMS DES POISSONS

Les noms usuels donnés aux animaux sont très variables d'un pays à l'autre et même d'une région à une autre. Pour pallier cette difficulté, les zoologistes utilisent la nomenclature binominale de Linné pour donner à chaque espèce un nom scientifique unique qui la désigne universellement.

Ce nom scientifique se compose de deux termes : le premier désigne le Genre et s'écrit toujours avec une majuscule ; le deuxième désigne l'espèce au sein du Genre, un Genre pouvant comporter plusieurs espèces étroitement apparentées ; ainsi le premier terme pourrait être comparé au nom d'une personne et le deuxième à son prénom. Par exemple la Vieille Noire et la Vieille à carreaux appartiennent toutes deux au Genre *Mycteroperca* et ont plus de parenté entre elles qu'avec la Vieille franche qui appartient au Genre *Epinephelus.* Le nom scientifique a une consonance latine mais peut tirer ses origines du latin, du grec ou d'autres langues, y compris de noms propres.

Pour plus de précision, on adjoint généralement au nom scientifique le nom du descripteur de l'espèce, le zoologiste qui, le premier, a publié la description de l'espèce, suivi de la date de cette publication.

Mais si le nom scientifique est la référence universelle pour désigner une espèce, ce n'est pas celui qui est utilisé habituellement lorsqu'on parle d'un poisson. En langage usuel, on utilise les noms vernaculaires et c'est bien là un des problèmes les plus importants rencontrés au cours de la préparation de ce guide en langue française.

En première difficulté on est embarrassé par les cas des poissons qui sont désignés sous plusieurs noms différents, selon l'île où on se trouve (variantes entre Guadeloupe et Martinique), ou même selon les régions d'une même île (variantes entre côte au vent et côte sous le vent par exemple) ou même encore selon le milieu dans lequel on évolue. Cette abondance trouve probablement ses origines dans l'histoire du peuplement des Antilles françaises. Il est évident que les premiers colons ont attribué des noms français aux poissons coralliens par analogies à leurs souvenirs des poissons d'Europe. C'est ainsi que les noms de "Tanche", "Carpe", "Congre" ou "Vieille" ont été attribués, souvent de façon fantaisiste au regard de la classification zoologique. Par la suite, le langage créole a introduit des termes d'origines diverses et de formations certainement très localisées. Ce sont surtout les espèces pêchées, ayant un intérêt économique et alimentaire qui sont ainsi dénommées de façon multiple, et cela ne facilite pas toujours la communication.

Pour pallier cette difficulté, nous avons reproduit tous les noms vernaculaires connus pour chaque espèce. Mais il fallait bien en choisir un pour servir de titre à chaque monographie ; cela a été fait en essayant de concilier plusieurs impératifs : fréquence d'usage, cohérence avec les espèces apparentées, cohérence avec la classification systématique et enfin, dans certains cas, selon les indications de l'Arrêté Ministériel relatif aux dénominations officielles.

La deuxième difficulté se présente au contraire avec les poissons qui n'ont pas de nom vernaculaire connu. C'est le cas de nombreux petits poissons admirables à contempler, mais sans intérêt économique : personne n'a donc jamais eu besoin de leur donner des noms usuels. Ils sont souvent recherchés comme poissons d'aquarium, mais les aquariophiles ont l'habitude d'utiliser les noms scientifiques. En l'absence de publication spécialisée de langue française, les plongeurs contemplatifs se sont parfois résignés à les nommer par leurs noms anglais. Nous avons voulu ici proposer des noms vernaculaires pour tous ces poissons que nous admirons et dont il nous est difficile de parler simplement. Nous l'avons fait soit par la traduction des noms de langue anglaise (mais seulement lorsque la traduction était possible sans trop de lourdeur), soit par l'adaptation de la signification du nom scientifique, soit encore en faisant appel à notre imagination pour résumer en un ou deux mots les traits caractéristiques de l'espèce.

LECTURE DES FICHES

Chaque espèce est présentée par une fiche descriptive, toujours sur le même modèle, comme indiqué ci-dessous par un exemple :

(1) : Nom vernaculaire choisi comme titre de la fiche ; dans les cas où il existe une très nette différence d'usage entre Guadeloupe et Martinique, les deux noms sont indiqués sur le même plan, en titre, celui de la Guadeloupe avec la lettre (*G*), celui de la Martinique avec la lettre (*M*).

(2) : Nom scientifique avec nom du descripteur et date de publication.

(3) : Noms vernaculaires en langue anglaise.

(4) : Autres noms vernaculaires français ou créoles.

(5) : Indication de la longueur et du poids moyens des spécimens couramment observés. Sauf indication contraire, c'est la longueur totale (LT) qui est mesurée.

(6) : Indication des valeurs maximales jamais observées pour la longueur et le poids de spécimens exceptionnels.

(7) : Indication de la zone de profondeur habituelle de rencontre.

(8) : Description des caractères morphologiques.

(9) : Description des caractères de coloration.

(10) : Commentaire sur la biologie de l'espèce et éventuellement sur son exploitation par la pêche locale.

(11) : Lieu de prise de vue.

(12) : Longueur (LT) du poisson lorsqu'il s'agit d'un spécimen pêché, photographié sur planche.

PAGRE VIVANEAU *(G)*
SORBE *(M)* (1)
Lutjanus analis
(Cuvier, 1828) (2)
Mutton Snapper (3)
Sarde rose (4)

Taille : 40 cm (5) - 75 cm (6)
Poids : 1 kg (5) - 12 kg (6)
Profondeur : 1,50 - 18 m (7)

(12) LT = x cm (11) Guadeloupe

Caudale nettement concave. Anale anguleuse. Très petites dents (pas de grandes canines comme chez les autres Pagres). (8)

Un petit point noir sur le dos, juste au-dessus de la ligne latérale. Quelques lignes bleues sous l'oeil. Nageoires rougeâtres. (9)

Souvent solitaire, sur fonds coralliens ou herbeux. Parfois curieux, ne s'approche du plongeur qu'une seule fois avant de s'éloigner. (10)

CONSOMMATION DU POISSON AUX ANTILLES

Beaucoup de poissons coralliens sont pêchés et commercialisés sur les marchés locaux aux Antilles. La cuisine créole exploite sous des formes diverses et variées leurs qualités très appréciables.

Mais il faut savoir également que certaines espèces sont susceptibles de provoquer des empoisonnements graves. La ciguatera, connue depuis les premières découvertes, se manifeste dans plusieurs régions de la Caraïbe. Cette grave intoxication alimentaire prend son origine dans une algue microscopique, *Gambierdiscus toxicus*, qui peut proliférer abondamment à la surface des coraux dans certaines conditions favorables. Bien que ces conditions de développement de *Gambierdiscus* ne soient pas encore complètement connues, il est généralement admis que les destructions importantes de massifs coralliens favorisent la multiplication de cette algue toxique. Les poissons herbivores sont les premiers à absorber cette algue et à accumuler la toxine dans leur chair.

Ces herbivores sont capturés et mangés par des carnivores, eux-mêmes capturés par d'autres carnivores et c'est ainsi que, tout le long de la chaîne alimentaire, la toxine peut se concentrer et se retrouver présente dans la chair de certains poissons, en quantité assez importante pour empoisonner le consommateur éventuel. L'intoxication se traduit d'abord par coliques et diarrhée, puis par des symptômes cardio-vasculaires (chute de tension) et des symptômes nerveux : douleurs articulaires, fourmillements sous la peau, démangeaisons, perturbation de la sensibilité au froid, à la chaleur et au contact de l'eau. La convalescence est souvent longue et associée à une extrême faiblesse générale.

En prévention de la ciguatera, il est prudent d'éviter la consommation de certaines espèces connues pour être éventuellement toxiques lorsqu'elles sont pêchées dans les zones atteintes. Tous les individus d'une espèce suspecte ne sont pas forcément dangereux (l'imprégnation par la toxine étant variable suivant les zones parcourues par le poisson) mais on ne dispose actuellement d'aucun test simple permettant de trier les bons des mauvais. Les croyances populaires basées sur des épreuves à la pièce de monnaie, aux fourmis, au goût du foie et autres manipulations diverses ne sont que fantaisies qui conduisent chaque année des dizaines de personnes à l'hôpital.

En Martinique et, d'une façon plus générale, dans les Antilles du sud, il est admis que l'on peut actuellement consommer du poisson sans se soucier du risque de ciguatera.

En Guadeloupe en revanche, et a fortiori dans les îles situées plus au Nord, la seule attitude raisonnable actuellement est de rejeter systématiquement les espèces à risques, comme le font d'ailleurs tous les pêcheurs professionnels responsables. En Guadeloupe et dans ses dépendances, on pourra appliquer les règles de l'Arrêté Préfectoral relatif à la pêche maritime, qui consacre un article aux poissons vénéneux (cf. annexe).

D'autres phénomènes toxiques peuvent se manifester avec des poissons bien particuliers. Ils sont signalés dans les descriptions propres aux espèces concernées comme, par exemple, les Tétrodons.

Mais, d'une façon générale, il ne faut pas perdre de vue que la consommation de tout poisson mal conservé peut provoquer quelques désagréments digestifs qui participent souvent aux incidents appelés "tourista". La chair de certains poissons, comme les Perroquets, est réputée pour s'altérer rapidement. Chez d'autres poissons de plus grandes tailles, comme les Scombridés, Carangidés ou Coryphènes, c'est la formation d'histamine dans la chair musculaire qui peut provoquer des urticaires, souvent appelés "gratte" ou "grattelle". Tous ces accidents, souvent bénins mais très désagréables, ne doivent pas être confondus avec la ciguatera.

Leur prévention réside dans la réfrigération précoce du poisson et, si possible, sa mise sous glace dès sa capture. De plus en plus de pêcheurs professionnels aux Antilles adoptent ce principe en embarquant de la glace pilée dans des cales isothermes. Ces précautions sont d'autant plus importantes en climat tropical où la chaleur accélère la dégradation de la chair. Il est également prudent de vider le poisson précocement, en particulier les plus grosses prises. En appliquant ces quelques conseils, les pêcheurs amateurs seront également à même de profiter sans risques des meilleures qualités de leurs prises.

PLANCHES DE SILHOUETTES

POISSONS CARTILAGINEUX

ORECTOLOBIDÉS - 24

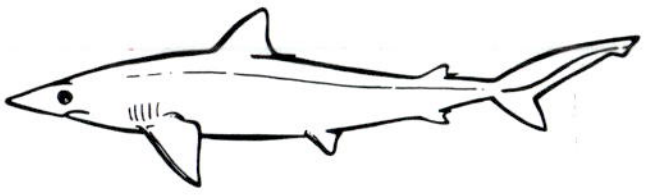

CARCHARHINIDÉS - 25

SPHYRNIDÉS - 27

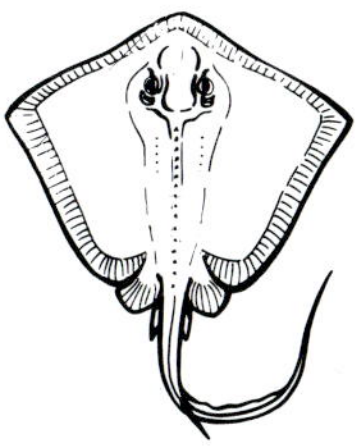

DASYATIDÉS - 28

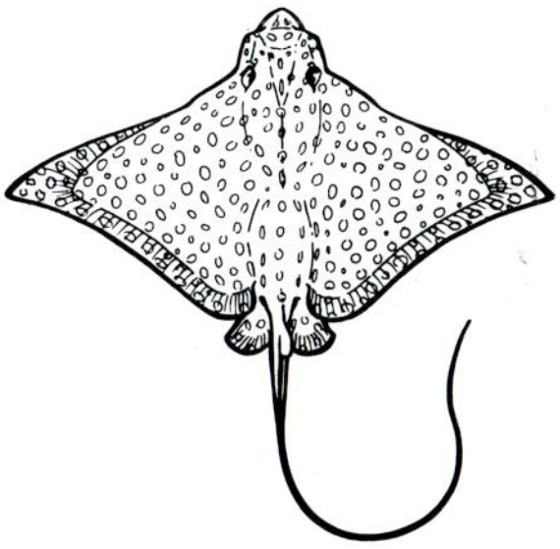

MYLIOBATIDÉS - 29

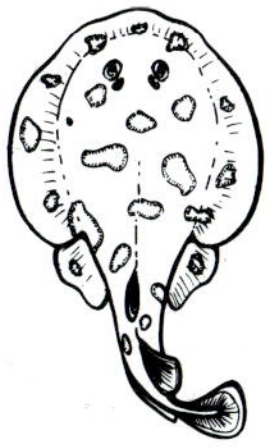

TORPÉDINIDÉS - 30

POISSONS OSSEUX

MÉGALOPIDÉS - 32

ALBULIDÉS - 33

CONGRIDÉS - 34

OPHICHTHIDÉS - 36

MURÉNIDÉS - 38

CLUPÉIDÉS - 42

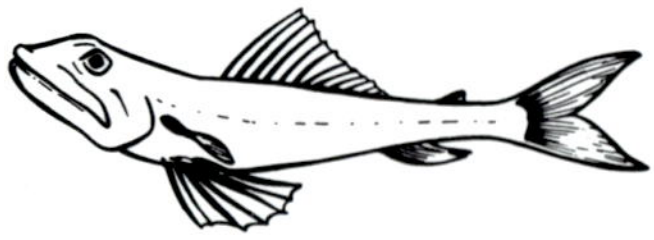

SYNODONTIDÉS - 45

ANTENNARIIDÉS - 47

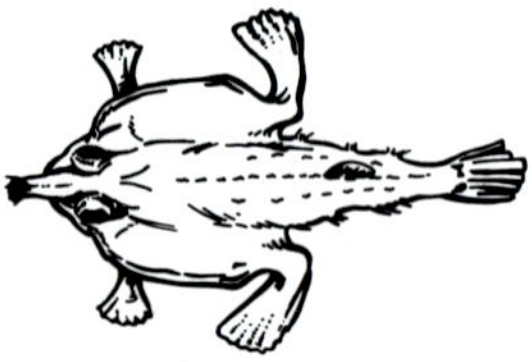

OGCOCÉPHALIDÉS - 48

BELONIDÉS - 49

HÉMIRHAMPHIDÉS - 51

HOLOCENTRIDÉS - 53

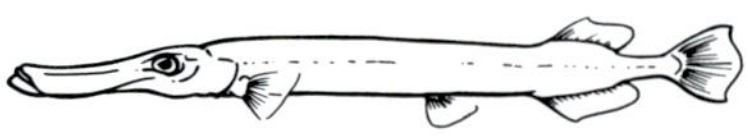

AULOSTOMIDÉS - 58

FISTULARIIDÉS - 59

SYNGNATHIDÉS - 60

DACTYLOPTÉRIDÉS - 61

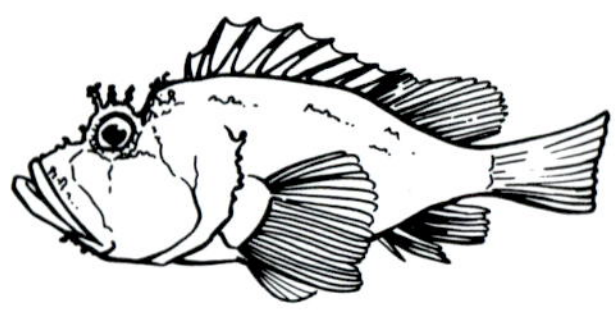

SCORPÉNIDÉS - 62

CENTROPOMIDÉS - 64

SERRANIDÉS - 65

GRAMMISTIDÉS - 81

GRAMMIDÉS - 82

PRIACANTHIDÉS - 83

INERMIIDÉS - 84

APOGONIDÉS - 85

MALACANTHIDÉS - 87

ECHÉNÉIDIDÉS - 88

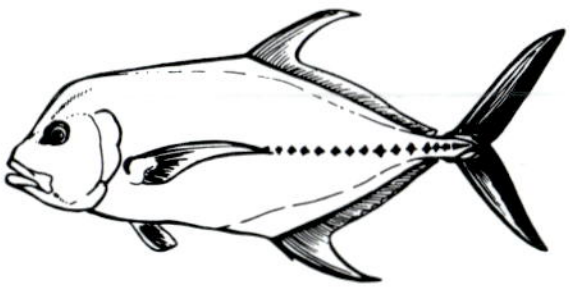

CARANGIDÉS - 89

GERRÉIDÉS - 99

LUTJANIDÉS - 100

HÆMULIDÉS - 106

SPARIDÉS - 113

SCIÉNIDÉS - 117

MULLIDÉS - 121

PEMPHÉRIDÉS - 123

KYPHOSIDÉS - 124

EPHIPPIDIDÉS - 125

CHÆTODONTIDÉS - 126

POMACANTHIDÉS - 130

POMACENTRIDÉS - 135

CIRRHITIDÉS - 144

MUGILIDÉS - 145

SPHYRÉNIDÉS - 146

LABRIDÉS - 148

SCARIDÉS - 157

OPISTHOGNATHIDÉS - 167

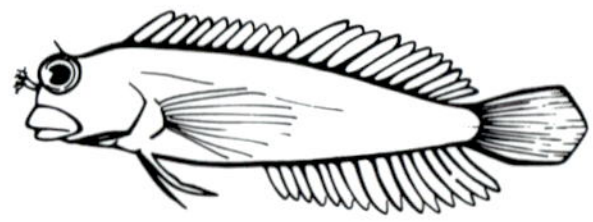

BLENNIIDÉS - 169

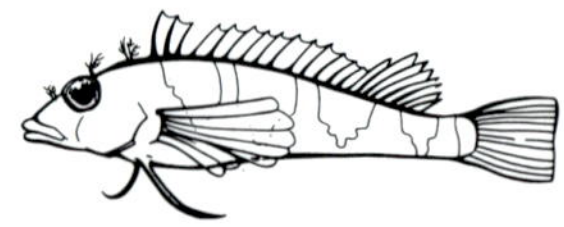

LABRISOMIDÉS - 170

GOBIIDÉS - 172

ACANTHURIDÉS - 175

SCOMBRIDÉS - 178

BOTHIDÉS - 180

BALISTIDÉS - 181

MONACANTHIDÉS - 184

OSTRACIIDÉS - 188

TÉTRAODONTIDÉS - 191

DIODONTIDÉS - 193

POISSONS CARTILAGINEUX

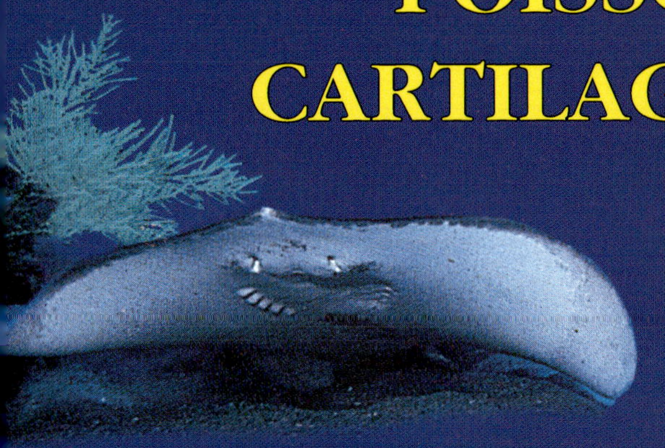

Les Requins et Raies appartiennent à la Classe des poissons à squelette cartilagineux.

Chez ces espèces, les fentes branchiales (5 à 7 fentes de chaque côté), situées en arrière de la tête, ne sont pas recouvertes par un opercule. L'admission d'eau se fait par la bouche, mais aussi, chez beaucoup d'espèces, par un orifice situé derrière chaque oeil : l'évent ou spiracle. Cette adaptation semble liée au mode de vie benthique de certains poissons cartilagineux. Même posés sur le sable, ils peuvent aspirer l'eau par cet évent, la pomper dans la cavité branchiale et la rejeter par les fentes branchiales.

La peau peut être nue ou plus ou moins recouverte d'"écailles". En fait, il s'agit d'écailles placoïdes, véritables petites dents dermiques qui constituent un revêtement comparable à du papier de verre.

Requins et Raies sont des animaux à dentitions multiples. Les dents tombent à mesure qu'elles s'usent et de nouvelles dents les remplacent. En effet, derrière chaque dent fonctionnelle, il y a toute une série de dents de plus en plus petites, repliées en position d'attente.

Chez les poissons cartilagineux, la fécondation est toujours interne : les bords postérieurs des nageoires pelviennes des mâles sont modifiés en organes copulateurs, et il y a donc accouplement. Après fécondation le type de développement des embryons est variable. Certaines espèces sont ovipares et pondent des oeufs qui incubent sur le fond. Mais beaucoup de Requins et Raies sont ovovivipares ou même vivipares, c'est à dire que les embryons se développent dans le corps de la mère jusqu'à une mise bas de jeunes à terme.

Les Requins au sens large, se distinguent par leur corps fuselé et sont caractérisés par la position latérale des fentes branchiales. Dépourvus de vessie natatoire (comme tous les Cartilagineux), ils peuvent évidemment se poser sur le fond, mais sont en revanche contraints de nager en permanence pour pouvoir se sustenter en pleine eau. Ils se déplacent alors par ondulations du corps, la force motrice étant fournie par la nageoire caudale, les robustes pectorales constituant des surfaces portantes comparables à des hydrofoils.

Les Requins sont pêchés et fournissent une chair diversement appréciée. Ils sont également exploités pour leurs huiles et leurs cuirs de consistance rugueuse.

Chez les Raies, les fentes branchiales sont placées sous le corps et nettement au-dessous des nageoires pectorales, très développées et soudées à la tête pour former une silhouette en forme de disque.

FAMILLE DES ORECTOLOBIDÉS

Membres de l'Ordre des Squaliformes (Requins au sens large) les Orectolobidés ont un corps de forme assez massive avec une tête aplatie plus large que haute. Ces caractères extrêmes sont évidents chez le prototype de la famille, le Requin-tapis australien.

Aux Antilles on connaît bien une espèce représentative de ce groupe : la Vache de mer.

VACHE DE MER

Ginglymostoma cirratum
(Bonnaterre, 1788)
Nurse Shark
Requin dormeur

Saba

Taille : 1,80 m - 4,20 m
Poids : 30 kg - 350 kg
Profondeur : 3 - 30 m

Requin à la tête massive évoquant un bovin. Pourvu d'une paire de longs barbillons en avant des narines. Caudale à long lobe supérieur (lobe inférieur pratiquement inexistant). Deux nageoires dorsales en position très postérieure. Bouche petite mais pourvue de plusieurs rangées de petites dents.
Couleur uniforme marron grisâtre.
Se nourrit de poissons et mollusques.
Généralement observé au repos et camouflé sous un surplomb rocheux. Jamais agressif, mais capable de mordre avec ténacité s'il est provoqué.

FAMILLE DES CARCHARHINIDÉS

(Requins)

C'est la plus importante Famille de Requins. Le corps est fuselé, terminé par une caudale à deux lobes, le lobe supérieur plus important est nettement dressé vers le haut. Il y a deux nageoires dorsales, la première généralement plus grande. Le pédoncule caudal est légèrement aplati et élargi. Les dents à longues pointes très tranchantes sont disposées sur plusieurs rangées de renouvellement. Une ou deux rangées sont fonctionnelles.

Les rencontres de Requins en plongée sont rares aux Antilles, bien qu'ils soient théoriquement présents dans toutes les eaux libres de cette zone.

Dans certaines régions toutefois, leur présence peut se manifester pendant la journée dans le milieu corallien dès lors qu'il y a une activité de pêche (sous-marine ou autre). Il est démontré que ce sont les vibrations émises par les poissons blessés qui attirent les Requins à de longues distances. La diffusion du sang ne joue un rôle que pour une attraction de proximité, mais contribue en revanche à un état d'excitation devant lequel il sera préférable d'interrompre la plongée.

REQUIN NEZ POINTU

Rhizoprionodon porosus
(Poey, 1861)
Sharpnose Shark
Chien blanc

Taille : 0,80 m - 1,10 m
Poids : 3 kg - 10 kg
Profondeur : 0 - 12 m

LT = 98 cm *Guadeloupe*

Petit Requin au corps élancé : la longueur standard représentant environ 6 fois la hauteur
Caractérisé par un museau long et pointu.
Couleur uniforme grisâtre.
Vivant près des côtes, il s'aventure volontiers en eaux peu profondes.

REQUIN BORDÉ

Carcharhinus limbatus
(Valenciennes, 1841)
Blacktip Shark
Requin pointes noires
Oché

Taille : 1 m - 2 m
Poids : 8 kg - 50 kg
Profondeur : 0 - 45 m

LT = 90cm Guadeloupe

Silhouette bien proportionnée, avec un museau un peu allongé.
Bord postéro-inférieur de la seconde dorsale aussi long que sa hauteur.
Pas de crête entre les deux dorsales.
Reconnaissable aux taches noires marquant les extrémités des nageoires.
Requin côtier, nageur rapide, capable de sauter hors de l'eau.

REQUIN CARAÏBE

Carcharhinus perezi
(Poey, 1876)
Caribbean Reef Shark
Requin de récif

Taille : 1,50 m - 2,70 m
Poids : 25 kg - 150 kg
Profondeur : 0 - 45 m

LT = 85 cm Barbude

Silhouette semblable à *C. limbatus*, mais dépourvu de pointes noires aux nageoires.
Se distingue également par un museau plus court et une crête longitudinale entre les deux nageoires dorsales. Bord postéro-inférieur de la seconde dorsale un peu plus long que sa hauteur (même longueur chez *C. limbatus*).
Couleur uniforme grisâtre.
Probablement le plus commun des Requins en milieu récifal, susceptible d'être rencontré même pendant le jour. Ne semble pas agressif, mais capable d'agitation inquiétante au voisinage des poissons blessés (pêche sous-marine).

FAMILLE DES SPHYRNIDÉS

(Requins-marteaux)

Les Requins-marteaux ont un museau élargi en forme de marteau. Les narines et les yeux sont disposés aux extrémités des branches du “marteau”. Il n’y a pas d’évents et les fentes branchiales sont en arrière des expansions latérales.

Les gros spécimens peuvent se montrer dangereux : des cas d’agressivité ont été rapportés.

Ce sont des pélagiques, rarement observés en milieu corallien.

Le Grand Requin-marteau, *Sphyrna mokarran* (Rüppell, 1835), présente une silhouette plus élancée que *S. lewini* et surtout un front rectiligne avec une petite indentation au milieu.

La seconde dorsale est plus haute et les pelviennes plus longues et falciformes (longueur de 3 à 5,50 m).

PETIT REQUIN-MARTEAU

Sphyrna lewini
(Griffith and Smith, 1834)
Scalloped Hammerhead
Halicorne
Pantouflier

Taille : 1,80 m - 3 m
Poids : 45 kg - 110 kg
Profondeur : 6 - 48 m

Guadeloupe

Vu de dessus, le front apparaît légèrement convexe et échancré par une encoche médiane franche et 4 autres encoches, délimitant en tout 6 festons. Seconde dorsale peu élevée, sa hauteur représentant la moitié de son bord postéro-inférieur. Pelviennes courtes. Couleur uniforme grisâtre.
Se nourrit de poissons et céphalopodes.
Dénommé *Sphyrna diplana* par certains auteurs.

FAMILLE DES DASYATIDÉS

(Raies)

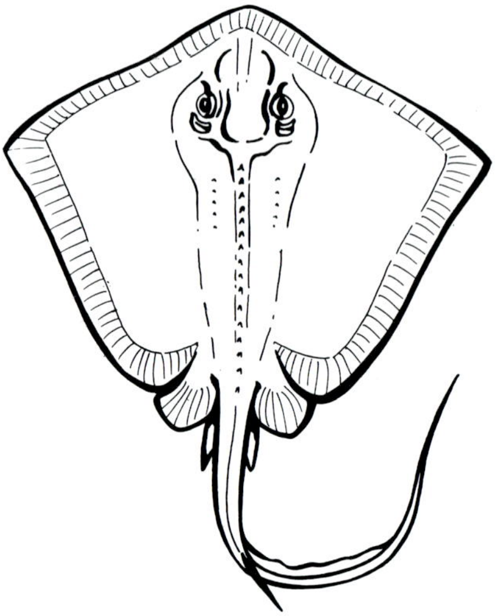

Les Dasyatidés ont des évents bien développés, une queue fine et une nageoire dorsale rudimentaire. La base de la queue est souvent armée de un ou deux aiguillons venimeux. Ces aiguillons sont pourvus de nombreux ardillons latéraux qui laissent des blessures délabrées, très douloureuses et souvent longues à cicatriser.

Ces Raies sont souvent posées sur fond de sable où elles se nourrissent en fouissant à la recherche de divers invertébrés. Elles sont même souvent enfouies sous le sable, ne laissant émerger que les yeux et les évents.

PASTENAGUE AMÉRICAINE

Dasyatis americana
Hildebrand et Schroeder, 1928
Southern Stingray
Raie verte
Raie grise
Raie fouet

Envergure : 0,80 m - 1,50 m
Profondeur : 0 - 18 m

Saba

Disque à contours anguleux. Une rangée de tubercules sur la ligne dorsale depuis l'arrière de la tête jusqu'à la base de la queue. Une petite rangée de deux à dix petits tubercules au milieu du disque, de part et d'autre de la rangée centrale.
L'aiguillon venimeux est situé à moins d'une longueur d'aiguillon de la base de la queue.
Grise à marron foncé ou olive en face dorsale.
Assez commune sur certains fonds sableux qu'elle parcourt calmement sans paraître se soucier de la présence humaine.

FAMILLE DES MYLIOBATIDÉS

(Raies-aigles)

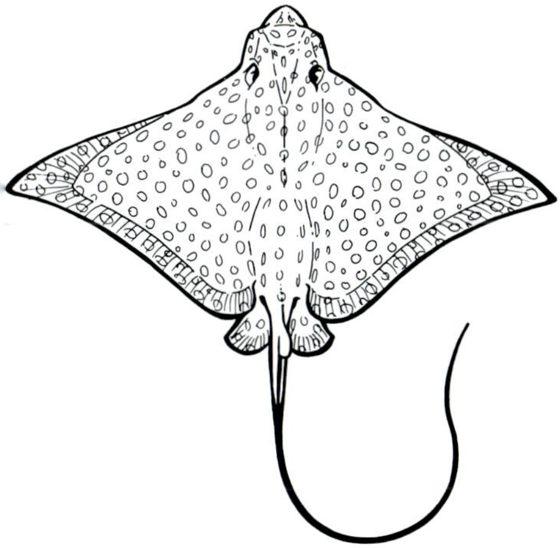

Les Raies de cette Famille ont un corps relativement plus épais que chez les Dasyatidés, mais surtout la tête est nettement individualisée par rapport au reste du corps. Les nageoires pectorales fortement musclées et très développées agissent puissamment lors du déplacement en pleine eau, comparable au vol d'un oiseau. La queue est mince et plus longue que le disque.

Ce sont des poissons au comportement actif, survolant les zones récifales, ne venant sur le fond que pour rechercher leur nourriture.

ANGE DE MER *(G)*
WAKAWA *(M)*

Aetobatis narinari
(Euphrasen, 1790)
Spotted Eagle Ray
Duck-billed Ray
Raie léopard

Taille : 1 m - 2,20 m
(sans la queue)
Poids : 35 kg - 250 kg
Profondeur : 2 - 24 m

Guadeloupe

Raie à ailes très larges : envergure deux fois plus importante que la longueur du corps (tête et pelviennes exclues). Queue longue portant 1 à 5 aiguillons venimeux à la base. Aiguillons de même nature que chez *D. americana* et tout aussi dangereux. Museau allongé en forme de bec de canard.
De couleur marron foncé avec des points et anneaux blancs. Face ventrale blanche.
Se nourrit surtout de mollusques. Comportement plus actif que les Dasyatidés : souvent observée nageant en pleine eau.

FAMILLE DES TORPÉDINIDÉS

(Raies-torpilles)

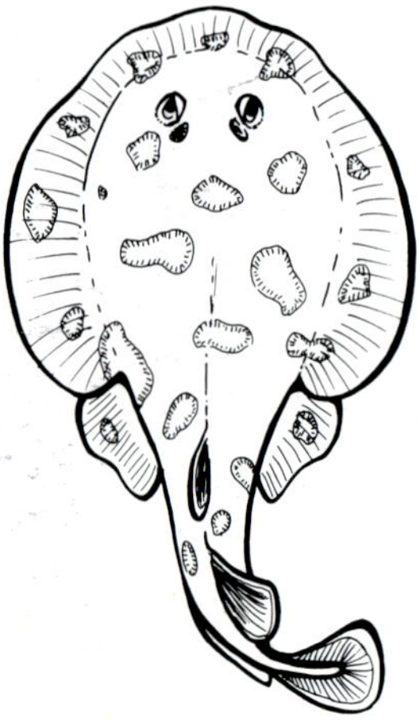

Les Torpilles, ou Raies électriques sont ainsi dénommées en raison des organes électrogènes situés de part et d'autre du tronc, dans les expansions pectorales.

De ce fait, la musculature des nageoires pectorales étant réduite, elles ne peuvent pas les utiliser pour nager comme les autres Raies. Les courts déplacements effectués près du fond sont assurés par des mouvements de la queue et de la nageoire caudale.

En revanche les organes électriques leur permettent d'administrer des électrochocs à leurs proies et aussi d'éloigner les prédateurs.

Les pêcheurs locaux les désignent d'ailleurs sous une appellation qui suggère la désagréable sensation ressentie au contact de ces poissons : "Trembleur".

TREMBLEUR

Narcine brasiliensis

(Olfers, 1831)

Lesser Electric Ray

Raie Torpille

Ste Lucie

Taille : 25 cm - 45 cm
Profondeur : 0 -18 m

Raie à disque circulaire. Queue épaisse et musclée portant deux nageoires dorsales et se terminant par une nageoire caudale.
Peut être marron uni mais généralement marquée de taches sombres irrégulières.
Vit sur des fonds de sable, parfois à faible profondeur, où elle se nourrit de poissons et crustacés. Rarement observée, peut-être parce qu'elle est difficile à détecter sur le sable.
Peu craintive, elle peut néanmoins administrer des décharges électriques surprenantes mais pas dangereuses pour l'homme.

POISSON OSSEUX

Toutes les espèces présentées à la suite de ce paragraphe appartiennent à la Classe des Poissons à squelette osseux.

De chaque côté du corps, les fentes branchiales sont recouvertes par un opercule osseux ; la chambre branchiale ainsi formée s'ouvre à l'extérieur, en arrière de l'opercule, par une fente unique. La peau est revêtue d'écailles imbriquées comme les tuiles d'un toit.

La plupart des poissons osseux sont dotés d'une vessie natatoire qui leur sert à équilibrer leur flottabilité.

La fécondation est externe et la plupart des espèces sont ovipares.

FAMILLE DES MÉGALOPIDÉS

Les Mégalopidés sont des poissons argentés à caudale fourchue. La bouche est grande et large, s'étendant en arrière des yeux, et garnie de petites dents fines. Les nageoires pectorales s'insèrent en partie déclive et les pelviennes sont en position abdominale.

Ce sont des carnivores, mangeurs de poissons ou crustacés. Peu appréciés pour la consommation, ils font néanmoins l'objet d'une forme de pêche dite "sportive" dans certaines régions.

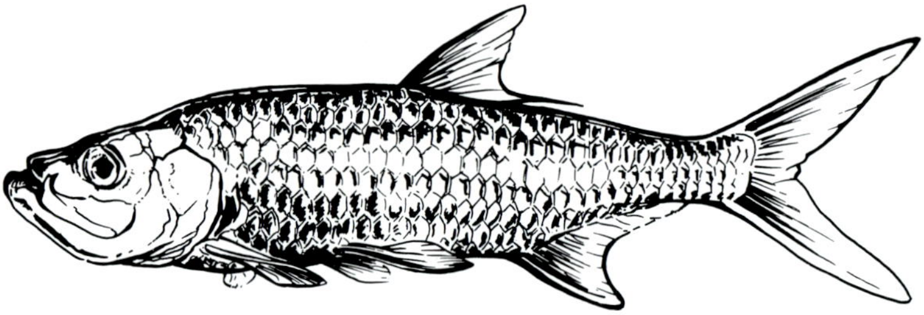

TARPON

Megalops atlanticus

Cuvier et Valenciennes, 1846

Tarpon

Grand'écailles

Roi d'argent

Taille : 1 m - 2,50 m
Poids : 4 kg - 150 kg
Profondeur : 0 - 18 m

Guadeloupe

Grand poisson allongé à larges écailles argentées. Bouche incurvée, s'ouvrant vers le haut. Nageoire dorsale un peu plus courte que l'anale et à dernier rayon se prolongeant en filament. Dos plus sombre et flancs argentés.
Fréquente aussi bien le milieu marin corallien que les eaux saumâtres des embouchures de fleuves. Réputé même pour résister dans des eaux douces stagnantes pauvres en oxygène. Célèbre pour sa combativité et son endurance lorsqu'il est pris sur une ligne de pêche. Ecailles coriaces, résistantes aux harpons sous-marins. De toute façon, peu apprécié pour la consommation.

FAMILLE DES ALBULIDÉS

Famille très proche de celle des Mégalopidés. Les Albulidés présentent la même silhouette générale, mais la bouche est moins grande et dirigée vers le bas.

Contrairement aux Mégalopidés qui sont souvent observés nageant en pleine eau, les Albulidés sont inféodés aux fonds sableux et vaseux où ils recherchent des mollusques.

BARAMME *(G)*
BANANE *(M)*

Albula vulpes
(Linné, 1758)

Bonefish

Archet

LT = 60 cm — Guadeloupe

Taille : 50 cm - 90 cm
Poids : 1,5 kg - 9 kg
Profondeur : 0 - 9 m

Poisson au corps allongé recouvert de petites écailles argentées. Petite bouche s'ouvrant vers le bas.
Dos foncé, flancs argentés parcourus de rayures plus sombres.
Se nourrit en banc par fouissage dans les fonds sableux ou vaseux, au point de notablement troubler l'eau par son intense activité. Parfois en eau si peu profonde que la dorsale apparaît à la surface.
Poisson combatif, apprécié dans certaines formes de pêche dite "sportive", mais peu recherché pour sa chair, garnie d'arêtes.

FAMILLE DES CONGRIDÉS

(Congres ou Anguilles de mer)

Chez les Congridés, le corps est allongé et dépourvu de nageoires pelviennes. Il n'y a pas, à proprement parler, de nageoire caudale ; simplement la dorsale et l'anale se confondent autour de l'extrémité de la queue. La peau est dépourvue d'écailles mais riche en mucus.

Aux Antilles, les Congridés ne sont représentés que par de modestes espèces, sans commune mesure avec les énormes Congres de l'espèce *Conger conger*, commune des côtes bretonnes.

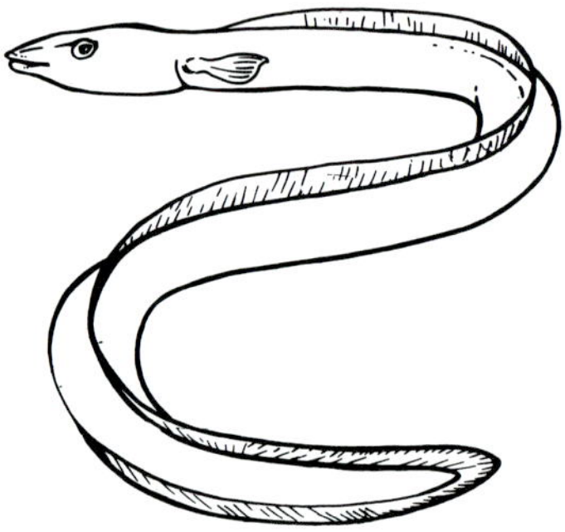

CONGRE NAIN

Conger triporiceps
Kanazawa, 1958
Manytooth Conger

Guadeloupe

Taille : 30 cm - 40 cm
Profondeur : 1,80 -76 m

Petit Congre de couleur grise avec des bordures noires le long des nageoires.
Très discret, toujours caché dans des crevasses du récif.
Se nourrit de petits invertébrés.
Quelquefois observé en plongées de nuit.

ANGUILLE JARDINIÈRE

Heteroconger halis

(Böhlke, 1957)

Garden Eel

Taille : 35 cm - 45 cm

Profondeur : 4 - 76 m

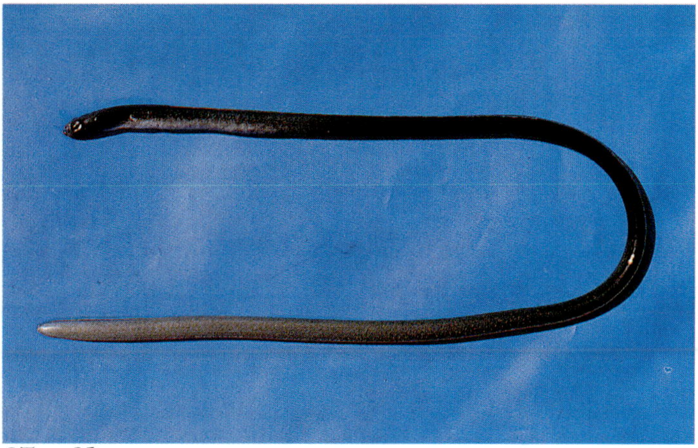

LT = 35 cm Les Saintes

ANGUILLE JARDINIÈRE

en colonie

Saba

Le terme d'Anguille, bien qu'impropre au sens strict, est néanmoins plus évocateur pour ce petit Congridé atypique. Corps très allongé et gracile. Nageoires pectorales rudimentaires.

Brun foncé, avec le quart postérieur du corps plus pâle.

Vit en colonie sur les plateaux sableux, chaque individu émergeant de son trou des trois-quarts antérieurs du corps. Au premier coup d'oeil, l'ensemble peut passer pour un parterre de plantes qui ondulent dans le courant, mais chacun se rétracte dans sa galerie à l'approche du danger.

Se nourrit de plancton.

FAMILLE DES OPHICHTHIDÉS

(Poissons-serpents)

Semblables aux Congridés, les Poissons-serpents ont des nageoires médianes et pectorales rudimentaires ou absentes et pas de nageoire caudale. Ainsi, leur corps nu et allongé et leurs déplacements par reptation sur le fond ont inspiré le surnom de Poisson-serpent.

Ils sont capables de s'enfouir dans un fond de sable ou de vase, mais sans y rester en permanence.

SERPENTINE DORÉE

Myrichthys acuminatus
(Gronow, 1854)
Sharptail Eel

Ste Lucie

Taille : 40 cm - 90 cm
Profondeur : 1,50 - 12 m

Petit Poisson-serpent assez grêle avec une tête un peu renflée en bulbe.
De couleur rousse, (blanchâtre sur le ventre), parsemé de taches blanches à centre jaune.
Petits points dorés sur la tête.
Peut s'enfouir dans le sable, mais souvent observé en mouvement dans les herbiers ou même en milieu corallien.
Un joli poisson inoffensif et même assez enclin à se laisser approcher.

SERPENTINE OCELLÉE

Myrichthys oculatus
(Kaup, 1856)
Goldspotted Eel

Taille : 40 cm - 90 cm
Profondeur : 1,50 - 12 m

Guadeloupe

La Serpentine ocellée est très semblable à la Serpentine dorée mais plus rare : elle présente des taches noires à contours flous et à centre jaune brillant.
Peut s'enfouir dans le sable, mais souvent observée en mouvement dans les herbiers ou même en milieu corallien.
Un joli poisson inoffensif et même assez enclin à se laisser approcher.

SERPENT DE MER

Ophichthus ophis
(Linné, 1758)
Spotted Snake Eel

Taille : 0,80 m - 1,35 m
Profondeur : 0,90 - 10 m

Guadeloupe

Poisson-serpent à mâchoires robustes et armées de dents.
Tête garnie de petits points noirs et d'une bande noire transversale en arrière des yeux.
Généralement observé enfoui dans le sable, avec seulement la tête émergeant du terrier en diagonale.
Un carnassier chassant poissons et mollusques.
Redouté par les pêcheurs qui craignent ses morsures.

FAMILLE DES MURÉNIDÉS

(Murènes)

Les Murènes sont des poissons allongés dépourvus d'écailles et de nageoires pelviennes. Les nageoires dorsale et anale sont prolongées en continuité avec la caudale qui n'est pas individualisée. Les ouvertures branchiales sont réduites à de petits orifices circulaires. Le corps est très musculeux, légèrement comprimé latéralement. La région occipitale de la tête est surélevée à cause du développement de muscles volumineux qui actionnent la mâchoire inférieure. La gueule est d'ailleurs impressionnante, fendue très en arrière et armée de nombreuses dents. Les narines antérieures sont tubulaires et situées à l'extrémité de la tête alors que les postérieures se trouvent au-dessus des yeux ou devant eux.

Les Murènes se réfugient le jour dans les fissures et les cavités des récifs coralliens. Ce n'est qu'à la tombée de la nuit qu'elles sortent de leurs trous pour chasser. Ce sont des carnassiers qui se nourrissent généralement de poissons.

Elles sont capables de se défendre en mordant si elles sont provoquées, ou simplement menacées. Il est donc prudent de ne pas introduire ses mains ou sa tête inconsidérément dans des trous du récif. En revanche on n'a jamais rapporté d'attaque délibérée de Murène ayant quitté son abri pour aller mordre un nageur ou plongeur passant à proximité. La question de savoir si un venin est inoculé au moment de la morsure est encore un sujet de controverses. Il est, par contre, admis que les dents des Murènes sont constamment souillées de déchets alimentaires en décomposition. Les morsures produisent donc des blessures profondément infectées et souvent sujettes à complications septiques.

Tous les Murénidés sont souvent appelés Cravattes ou “Congres” aux Antilles bien que ce ne soient pas des Congridés.

MURÈNE NOIRE

Gymnothorax moringa

(Cuvier, 1829)

Spotted Moray

Murène tachetée

Congre noir

Guadeloupe

Taille : 0,50 m - 1,20 m
Poids : 1 kg - 2 kg
Profondeur : 1,80 - 12 m

Murène de taille moyenne au corps assez svelte.
Sur un fond blanc à jaune pâle, une multitude de taches noires souvent confluentes sur la plus grande partie du corps.
Généralement observée dans son trou, avec seulement la gueule ouverte à l'extérieur. Plus active la nuit, on peut alors l'observer serpentant sur le fond.
La plus commune des Murènes aux Antilles.

MURÈNE VERTE

Gymnothorax funebris

Ranzani, 1840

Green Moray

Congre vert

Guadeloupe

Taille : 1,50 m - 1,90 m
Poids : 10 kg - 13 kg
Profondeur : 3 - 30 m

Ressemble dans sa forme à la Murène noire, mais se distingue par sa couleur et sa taille.
Les spécimens juvéniles sont de couleur olive ou même gris brunâtre.
Les adultes sont uniformément verts.
Peut atteindre de belles tailles et présenter une gueule impressionnante, à approcher avec prudence.
Sa chair est susceptible de provoquer des intoxications alimentaires (ciguatera).

MURÈNE BRUNE

Gymnothorax vicinus
(Castelnau, 1855)
Purplemouth Moray

Taille : 60 cm - 1,20 m
Profondeur : 1,50 - 10 m

LT = 70 cm Guadeloupe

Murène de taille moyenne au corps assez svelte.
Nageoire dorsale bordée d'un liseré noir. Oeil jaune doré et intérieur de la bouche violet.
Habituée des petits fonds, elle se plaît à se lover discrètement dans les épaves les plus diverses.
Moins commune que les espèces précédentes.

MURÈNE PORCELAINE

Gymnothorax miliaris
(Kaup, 1856)
Goldentail Moray
Murène dorée

Taille : 22 cm - 50 cm
Profondeur : 1,50 - 15 m

Guadeloupe

Petite Murène au museau un peu arrondi.
Marron foncé avec une multitude de minuscules points dorés. A l'extrémité de la queue (ra rement visible), points dorés de plus en plus gros et finalement confluents en tache jaun réticulée.
Espèce commune mais discrète, souvent bien camouflée parmi les lobes de massifs coral liens.

MURÈNE VIPÈRE

Enchelycore nigricans
(Bonnaterre, 1788)
Viper Moray

Taille : 0,75 m - 1 m
Profondeur : 1 - 30 m

LT = 60 cm Guadeloupe

Espèce caractérisée par des mâchoires très incurvées qui laissent les dents apparentes et impressionnantes même quand la gueule est fermée.
Couleur brune à peine mouchetée de marques plus foncées.
Peu commune.

MURÈNE A GUEULE PAVÉE

Echidna catenata
(Bloch, 1795)
Chain Moray
Murène zébrée
Murène grasse

Taille : 40 cm - 70 cm
Profondeur : 0 - 3 m

LT = 50 cm Guadeloupe

Murène à museau arrondi qui se distingue par ses dents courtes, émoussées et broyeuses.
Couleur noirâtre avec des bandes jaunes brillantes étroites et irrégulières, verticales puis souvent interconnectées.
Se nourrit de crabes ou mollusques. Fréquente les eaux très peu profondes, au point d'être rarement observée en plongée.
Eventuellement visible en marchant sur les rochers du bord de mer.

FAMILLE DES CLUPÉIDÉS

Les Clupéidés sont de petits poissons argentés, allongés et comprimés latéralement. Le corps est entièrement recouvert d'écailles ; le long de la ligne médiane du ventre, les écailles sont comprimées et anguleuses, lui conférant un aspect caréné en "lame de couteau".

Cette Famille est très importante dans toutes les mers du monde puisque c'est celle des Sardines, Harengs, Sprats etc... Aux Antilles, dans le milieu corallien, quelques espèces, appelées Caillus, vivent en bancs souvent importants. D'autres espèces, de plus petite taille, comme *Jenkinsia lamprotaenia* participent à la formation des bancs de Pisquettes (cf. p. 44). Ils pénètrent éventuellement dans les lagons et se nourrissent de plancton. Les Caillus ne sont pas couramment consommés. En revanche les pêcheurs les utilisent comme appâts.

CAILLU

Harengula clupeola
(Cuvier, 1829)
False Pilchard

Taille : 11 cm - 14 cm
Profondeur : 0 - 70 m

LT = 11 cm *Guadeloupe*

Petit poisson argenté à carène ventrale.
Petite tache noire juste en arrière de l'ouverture branchiale à hauteur de l'oeil. Cette tache est suivie d'une vague raie brillante s'étendant jusqu'à la caudale.
Pénétrer à l'intérieur d'un banc compact de Caillus et assister au tournoiement de ces "murs" de poissons est toujours un spectacle étourdissant.

SARDINE

Harengula humeralis
(Cuvier, 1829)
Red-Ear Sardine
Caillu

Taille : 11 cm - 20 cm
Profondeur : 0 - 70 m

Très semblable à *H.clupeola.* Au lieu du point noir, une tache orange sur l'extrémité supérieure branchiale. Museau orange. Partie supérieure du corps parcourue de rayures cuivrées.
Les deux espèces sont souvent mélangées dans le même banc de "Caillus" au sens large : c'est là une nourriture appréciée aussi bien par les prédateurs aquatiques (Barracudas) que par les oiseaux pêcheurs (Pélicans, Frégates).

CAILLU THAZARD *(G)*
HARENG *(M)*

Opisthonema oglinum
(Le Sueur, 1817)
Thread Herring
Chardin fil

LT = 21 cm Guadeloupe

Taille : 15 cm - 30 cm
Profondeur : 0 - 70 m

Semblable aux autres Caillus mais plus ventru et généralement de plus grande taille.
Dernier rayon dorsal prolongé par un long filament.
Une tache noire juste derrière l'ouverture branchiale.
Taches noires aux pointes de la dorsale et de la caudale.
Moins commun que les autres Caillus.

FAMILLE DES ENGRAULIDIDÉS

(Anchois)

Très voisins des Clupéidés, les Engraulididés sont aussi de petits poissons argentés vivant en bancs. Ils s'en distinguent essentiellement par un museau allongé et arrondi, très proéminent par rapport à la bouche largement fendue. Ils se nourrissent de plancton.

Semblables aux Anchois d'Europe, les espèces présentes aux Antilles sont couramment appelées "Pisquettes". En fait, les bancs de Pisquettes sont des rassemblements de diverses espèces appartenant non seulement à la Famille des Engraulididés, mais également aux Familles des Clupéidés (cf. p. 42) et des Athérinidés sans qu'il soit réellement possible de les distinguer en observation sous-marine.

Il nous suffira d'évoquer ces bancs de milliers de petits poissons argentés, toujours animés de mouvements parfaitement coordonnés, qui sont souvent rencontrés près des côtes, dans des zones sombres au voisinage de grottes ou de surplombs. Ils constituent évidemment une manne pour de nombreux prédateurs (Carangues, Thazards, Pélicans etc...).

Ste Lucie

"Pisquettes"

Engraulididés

Anchoa lyolepis
(Evermann et Marsh, 1902)
Dusky Anchovy
Taille : 4 cm - 7 cm
Profondeur : 0 - 70 m

Clupéidés

Jenkinsia lamprotaenia
(Gosse, 1851)
Dwarf Herring
Taille : 4 cm - 7 cm
Profondeur : 0 - 70 m

Athérinidés

Atherinomorus stipes
(Müller et Troschel, 1848)
Hardhead Silversides
Taille : 4 cm - 7 cm
Profondeur : 0 - 70 m

FAMILLE DES SYNODONTIDÉS

(Poissons-lézards)

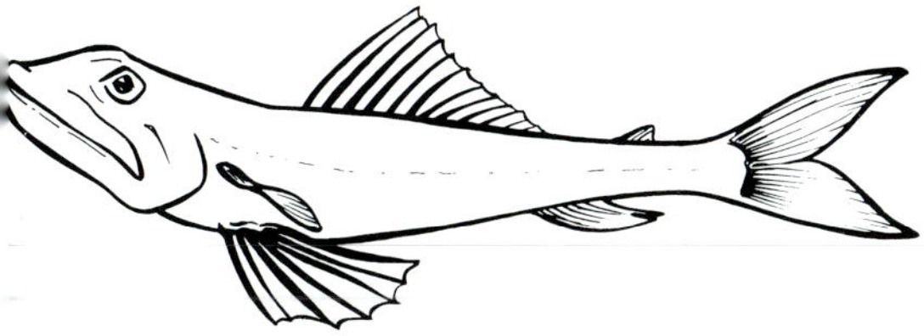

Les Synodontidés, avec leur corps élancé et cylindrique, leur tête un peu aplatie, fendue d'une large bouche, évoquent d'emblée la silhouette des Lézards terrestres. Ils en ont également l'attitude lorsqu'ils sont posés sur le fond, la tête légèrement relevée par appui sur les pelviennes. C'est d'ailleurs une méthode de chasse à l'affût comparable à celle de ces Reptiles.

La nageoire dorsale insérée au milieu du dos est suivie par une petite nageoire adipeuse entre dorsale et caudale. Les nageoires pelviennes sont robustes, bien développées et placées en position ventrale.

Les Poissons-lézards se tiennent souvent sur des fonds de sable ou de vase, ils peuvent même s'y enfouir partiellement. Ce sont de voraces carnassiers qui peuvent happer subitement n'importe quel poisson passant à proximité.

ANOLI

Synodus intermedius
(Spix, 1829)
Sand Diver
Poisson-lézard
Mabouya
Zandoli

Taille : 30 cm - 45 cm
Profondeur : 1 - 25 m

Les Saintes

Poisson-lézard se distinguant par un tache noirâtre au-dessus de l'insertion de la nageoire pectorale, mais partiellement masquée par l'opercule.
Très commun, sur tous les types de fonds coralliens, parfois sur des espaces sableux, à peine enfoui, parfois aussi en évidence sur le sommet d'une tête de corail.

FAMILLE DES CARAPIDÉS

(Aurins ou Fiérasfers)

Les Carapidés sont de curieux petits poissons au corps très allongé, terminé par une longue queue fine sans nageoire caudale. Ils sont tellement peu épais que tous leurs organes internes sont visibles par transparence.

Ces poissons sont simplement cités ici pour mémoire car on a peu de chance de pouvoir les observer à l'état libre. Ils vivent, en effet, dans le liquide des cavités internes de certains Invertébrés tels que Holothuries, Étoiles de mer, Oursins ou Mollusques.

Une espèce peut être rencontrée aux Antilles :

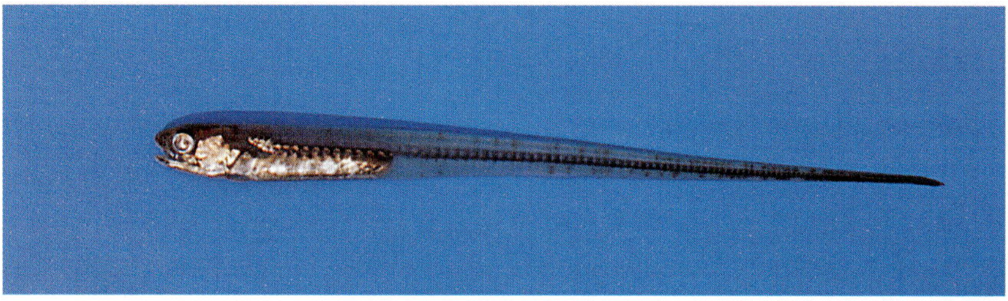

Aurin, 11 cm

AURIN

Carapus bermudensis

(Jones, 1874)

Pearlfish

Glass Eel

Près de son hôte, l'Holothurie.

Taille : 10 cm - 15 cm

Guadeloupe

Petit poisson allongé et fin, de couleur vaguement cuivrée mais transparent au point que la colonne vertébrale et les viscères sont visibles.

Vit dans la cavité générale de certaines Holothuries (Concombres de mer), où il pénètre par l'anus. Il cherche d'abord, tête la première, l'anus de son hôte, puis il introduit rapidement sa queue effilée dans cet orifice et entre à reculons en serpentant. Il ne quitte son hôte que pour se nourrir ou pour frayer, vraisemblablement surtout la nuit.

FAMILLE DES ANTENNARIIDÉS

(Poissons-crapauds)

Les Poissons-crapauds sont parmi les espèces les plus bizarres que l'on puisse rencontrer. Ils possèdent un corps massif recouvert d'une peau rugueuse sans écailles, très lâche, formant de nombreux replis. La bouche, très large, complète l'aspect un peu monstrueux de ces poissons. Les nageoires pectorales sont puissantes et articulées un peu comme des "pattes" que ces poissons utilisent pour se poser et même effectuer de courts déplacements sur le fond.

Le premier rayon de la nageoire dorsale, placé sur le sommet de la tête est transformé en une sorte d'antenne portant un petit grain charnu. Cet organe suspendu au-dessus du museau joue le rôle d'un leurre attractif pour divers poissons. Le Poisson-crapaud, très mimétique, passe son temps à l'affût, posé sur le fond. Les proies qui s'aventurent au voisinage du leurre disparaissent instantanément dans l'énorme gueule du piège. On a trouvé dans l'estomac de certains spécimens pêchés des poissons entiers, en cours de digestion, pratiquement aussi gros que les prédateurs eux-mêmes.

Cette espèce est susceptible d'être observée dans le milieu corallien.

POISSON-CRAPAUD

Antennarius multiocellatus
(Cuvier et Valenciennes, 1837)
Longlure Frogfish
Poisson-pêcheur

Taille : 10 cm - 20 cm
Profondeur : 3 - 18 m

Guadeloupe

Poisson d'aspect caractéristique, doté d'un long filament pêcheur et susceptible d'adopter diverses phases colorées en fonction du milieu.
La plus commune est la phase jaune avec de nombreux points noirs. Peut être aussi observé en phase noire avec des franges claires aux pectorales et une tache blanchâtre sur le pédoncule caudal.
Les individus en phase jaune semblent apprécier le camouflage des Éponges tubulaires jaunes.

FAMILLE DES OGCOCÉPHALIDÉS

(Poissons-chauves-souris)

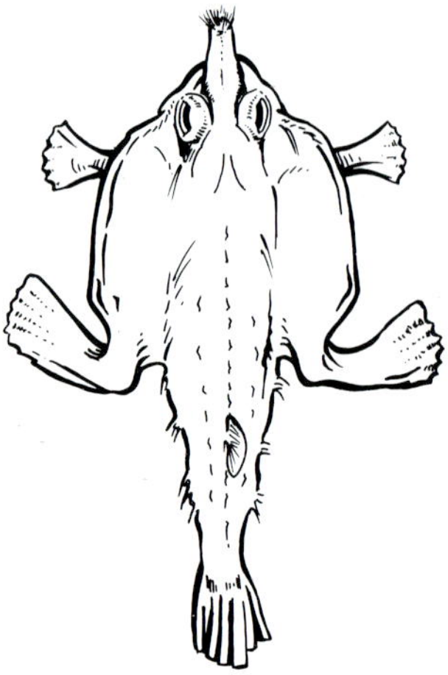

Très apparentés aux Antennariidés, les Poissons-chauves-souris sont tout aussi bizarres et étranges.

La tête volumineuse et large est suivie par un corps relativement mince. Mais ce sont les nageoires pectorales qui font l'originalité de cette Famille, puisqu'elles sont largement développées, pourvues d'articulations en forme de coudes et utilisées un peu comme des pattes. Au repos, sur un fond sableux ou herbeux, le Poisson-chauve-souris est appuyé sur ses deux pectorales et sur ses deux nageoires pelviennes, semblables à deux petits patins sous le ventre.

Il est capable d'effectuer, assez lourdement, de courts déplacements en nageant à quelques centimètres au-dessus du fond, mais sera, le plus souvent, observé posé sur le fond, où il se confond avec son milieu.

Les Poissons-chauves-souris semblent avoir un régime alimentaire très éclectique : mollusques, crustacés, petits poissons et algues.

POISSON CHAUVE-SOURIS

Ogcocephalus nasutus
(Cuvier et Valenciennes, 1837)
Redbellied Batfish
Shortnose Batfish
Diable de mer

Taille : 20 cm - 28 cm
Profondeur : 0 - 300 m

Guadeloupe

La silhouette caractéristique est complétée par une longue corne frontale, terminée par une protubérance poilue.
Nageoire caudale à deux bandes sombres.
Rarement observé car difficile à détecter dans son milieu de fonds sableux et herbeux.
Se laisse volontiers approcher.

FAMILLE DES BÉLONIDÉS

(Orphies)

Les Orphies ou Aiguillettes se caractérisent par un corps effilé et par leurs mâchoires très allongées formant un rostre étroit et pointu, et portant de nombreuses dents acérées inégales. Les nageoires dorsale et anale sont insérées en position très postérieure. Le corps, couvert de minuscules écailles, est argenté, plus sombre sur le dos.

Chasseurs de poissons, les Orphies s'attaquent aux bancs qui nagent près de la surface. Elles échappent à leurs ennemis grâce à de puissants bonds hors de l'eau, éventuellement suivis de rebonds ou glissades sur la queue. Elles ne sont pas, à proprement parler, inféodées au milieu corallien, mais il n'est pas rare de les observer près des récifs, juste sous la surface.

Les Orphies, Zôfi en créole, sont pêchées et vendues sur les marchés locaux. Le consommateur ne devra pas être surpris par la couleur verte des arêtes.

CLÉ DE DÉTERMINATION DES BÉLONIDÉS

A Nageoire dorsale comprenant 21 à 25 rayons ;
Premier rayon dorsal implanté un peu en arrière de la verticale du premier rayon anal.. *Tylosurus crocodilus*

AA Nageoire dorsale comprenant 12 à 17 rayons ;
Premier rayon dorsal implanté à la verticale du 6è ou 7è rayon anal :

B Présence de branchiospines sur les arcs branchiaux.. *Platybelone argalus*

BB Pas de branchiospines sur les arcs branchiaux.......... *Strongylura timucu*

ORPHIE DE TERRE

Tylosurus crocodilus
(Péron et Le Sueur, 1821)
Houndfish
Zôfi

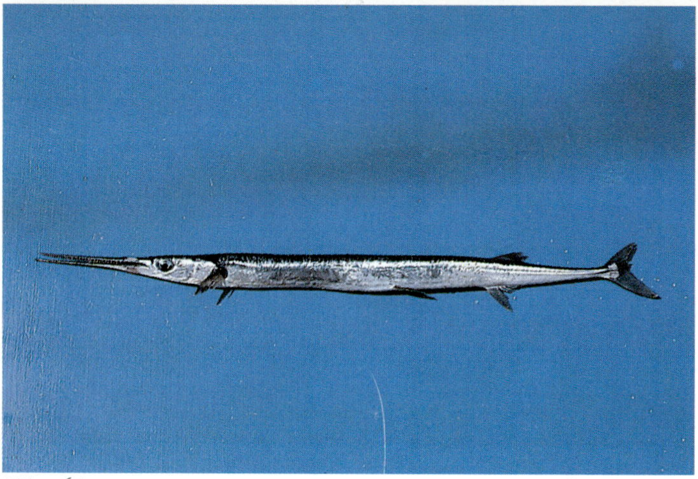

Taille : 0,80 m - 1,50 m
Profondeur : 0 - 9 m

LT = 67 cm Guadeloupe

Pédoncule caudal à section régulière aussi haute que large muni de carènes latérales foncées. Ligne latérale venant se prolonger dans la carène latérale. Nageoire caudale fourchue, le lobe inférieur est plus long que le supérieur.
Commune aux abords des rivages, des cayes.
Se déplace juste sous la surface de l'eau.

ORPHIE DE CANAL

Platybelone argalus
(Le Sueur, 1846)
Keeled Needlefish
Zôfi

Taille : 30 cm - 50 cm
Profondeur : 0 - 9 m

LT = 30 cm Guadeloupe

Le pédoncule caudal est très aplati, sa hauteur est égale à la moitié de son épaisseur.
Présence de carènes latérales comme chez *T. crocodilus*, mais ligne latérale passant sous la carène. Nageoire caudale à peine fourchue.
Ne pas confondre avec *Strongylura timucu* à la tête plus sombre : sa nageoire caudale est légèrement plus concave et a un lobe inférieur un peu plus long.
Fréquente généralement l'océan mais se rencontre entre les îles dans les passes ou les canaux juste sous la surface de l'eau.

FAMILLE DES HÉMIRAMPHIDÉS

(Balaous)

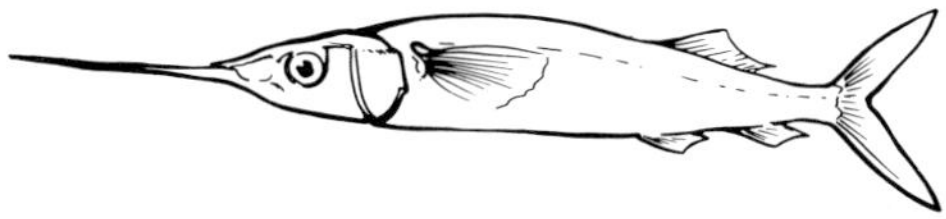

Les Hémiramphidés, très voisins des Bélonidés, présentent également un corps très allongé et effilé, des nageoires dorsale et anale situées en position très postérieure. Ils s'en distinguent essentiellement par la forme des mâchoires, la supérieure étant courte et membraneuse, tandis que la mâchoire inférieure est prolongée en un long bec rigide.

Ces poissons qui vivent en bancs près de la surface, sont capables d'effectuer de spectaculaires envolées hors de l'eau, en particulier à l'approche des bateaux. Ils présentent en cela des adaptations morphologiques : bicolores pour le mimétisme et abdomen plat, en forme de semelle de ski, leur permettant de ricocher sur la surface de l'eau (et non de voler comme les Poissons-volants -Exocétidés- avec lesquels ils ne doivent pas être confondus). Ils se nourrissent de plancton, de débris végétaux et de petits poissons.

Les Balaous, capturés aux filets, sont souvent vendus sur les bords de mers et appréciés des consommateurs.

CLÉ DE DÉTERMINATION DU GENRE *HÉMIRAMPHUS*

A Pectorale longue, plus longue que la distance entre le bord antérieur de la fosse nasale et l'insertion supérieure de la pectorale...*H.balaou*

AA Pectorale courte, plus courte que la distance entre le bord antérieur de la fosse nasale et l'insertion supérieure de la pectorale...*H.brasiliensis*

BALAOU QUEUE BLEUE

Hemiramphus balao
Le Sueur, 1823
Balao

Taille : 25 cm - 28 cm
Profondeur : 0 - 9 m

LT = 19 cm Guadeloupe

Un peu de rouge à l'extrémité du bec. Le lobe supérieur de la caudale et l'avant de la dorsale présentent une teinte bleue violacée qui peut disparaître dans les heures suivant la pêche (critère de fraîcheur).
Se déplace en bancs le long des baies abritées sous la surface de l'eau.

BALAOU QUEUE JAUNE

Hemiramphus brasiliensis
(Linné, 1758)
Ballyhoo

Taille : 25 cm - 28 cm
Profondeur : 0 - 9 m

LT = 20 cm Guadeloupe

Un peu d'orange à l'extrémité du bec. Le lobe supérieur de la caudale et l'avant de la dorsale sont teintés de jaune orangé qui s'estompe rapidement dans les heures suivant la pêche (critère de fraîcheur).
Se rencontre en bancs le long des baies abritées sous la surface de l'eau.

FAMILLE DES HOLOCENTRIDÉS

(Poissons-soldats)

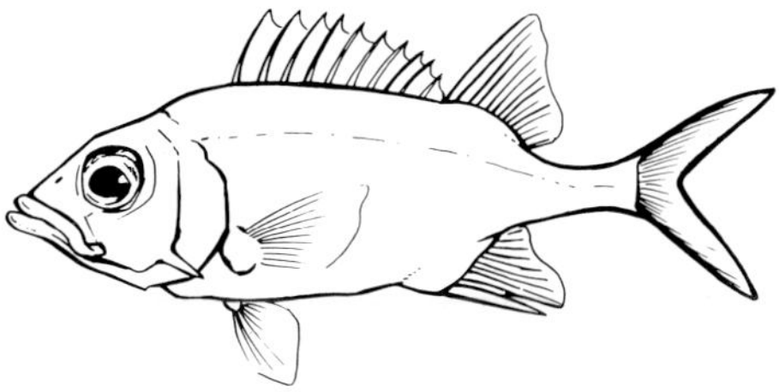

Les Holocentridés sont des poissons coralliens de couleur rouge, remarquables par leurs grands yeux vifs rappelant ceux des Écureuils (Squirrelfishes) et par leurs nombreuses épines, armes souvent redoutables chez certaines espèces (Poissons- soldats).

On distingue deux sous-familles :

-Les Holocentrinés (Genres *Holocentrus*, *Flammeo*, *Sargocentron*) caractérisés par une longue épine à l'angle du préopercule.

-Les Myripristinés (Genres *Myripristis* et *Plectrypops*) sans épine préoperculaire.

Tous les Holocentridés sont de moeurs nocturnes et se nourrissent essentiellement de petits crustacés. Dans la journée on les trouve cachés dans les anfractuosités des massifs coralliens.

Les Holocentrinés ont une solide réputation de poissons aux piqûres très douloureuses et de guérison assez longue. Ils doivent être manipulés avec précaution, en se méfiant particulièrement de l'épine préoperculaire ; on a même parlé d'une toxine associée à cette épine même s'il n'existe aucun appareil venimeux.

Bien qu'ils soient tous théoriquement comestibles, seules les deux espèces du Genre *Holocentrus* atteignent des tailles marchandes et sont couramment vues sur les marchés locaux, même si certains consommateurs sont rebutés par les épines et arêtes.

Les nombreuses terminologies utilisées pour ces poissons sont sources de confusions. Leur nom français officiel est Marignan mais, il n'est pratiquement jamais utilisé en Guadeloupe où le terme de Cardinal s'est généralisé. Il ne faut pourtant pas les confondre avec certains petits poissons discrets et peu connus de la famille des Apogonidés que les ouvrages français appellent aussi Cardinaux (cf p.85). Il est à noter que le terme **Cardinalfishes** des Américains s'applique bien aux Apogonidés et non aux Holocentridés.

Guadeloupe

CARDINAL BLANC *(G)*
MARIGNAN BLANC *(M)*

Holocentrus ascensionis
(Osbeck, 1765)

Longjaw Squirrelfish

Mawali

Rougé blanc

Taille : 30 cm - 35 cm
Poids : 100 g - 300 g
Profondeur : 1 - 12 m

Maxillaire atteignant ou dépassant une verticale passant par le centre de l'oeil.
La portion antérieure et épineuse de la dorsale est uniformément orange.
Très commun et peu farouche, on le trouve en abondance par petite profondeur à l'ombre des reliefs.
Se décolore rapidement après la pêche.

Guadeloupe

CARDINAL QUEUE FINE *(G)*
MARIGNAN TETE FÈ *(M)*

Holocentrus rufus
(Walbaum, 1792)

Squirrelfish

Mawali

Rougé brûlé

Taille : 25 cm - 30 cm
Poids : 100 g - 200 g
Profondeur : 1 - 30 m

Maxillaire n'atteignant pas une verticale passant par le centre de l'oeil.
Mêmes couleurs que le précédent, souvent un peu plus rouge, mais différent surtout par la portion antérieure de la dorsale : membrane gris jaunâtre avec un point blanc marginal dans chaque intervalle entre les épines.
Très commun et souvent abondant à l'ombre des surplombs.

CARDINAL LONGUE ÉPINE *(G)*
MARIGNAN LONGUE ÉPINE *(M)*

Flammeo marianus
(Cuvier et Valenciennes, 1829)
Longspine Squirrelfish

Martinique

Taille : 17 cm - 20 cm
Profondeur : 1 - 30 m

Museau pointu avec mâchoire inférieure se projetant nettement vers l'avant.
Le troisième rayon de la nageoire anale constitue une épine impressionnante, atteignant ou dépassant la base de la nageoire caudale en position repliée.
Semble vivre plus profond que les précédents, parfois en groupes très denses.

CARDINAL RAYÉ *(G)*
MARIGNAN RAYÉ *(M)*

Sargocentron coruscum
(Poey, 1860)
Reef Squirrelfish

Guadeloupe

Taille : 12 cm - 17 cm
Profondeur : 1 - 22 m

Petit Cardinal de couleur rouge nettement rayé de blanc argenté.
Les 3 ou 4 premiers rayons de la dorsale sont marqués d'une tache noire bordée de blanc en dessous et au-dessus.
Peu commun et discret.

CARDINAL SOMBRE *(G)* MARIGNAN SOMBRE *(M)*

Sargocentron vexillarium
(Poey, 1860)
Dusky Squirrelfish

Taille : 12 cm - 17 cm
Profondeur : 0,30 - 15 m

Guadeloupe

Petit Cardinal au profil du front un peu anguleux.
Couleur similaire au Cardinal rayé, mais les bandes rouges sont délimitées par de fines lignes plus foncées, presque noires. Une tache sombre entre le premier et le troisième rayon de la nageoire dorsale.
Assez commun, mais timide, à rechercher dans les anfractuosités de roches.

MOMBIN

Myripristis jacobus
Cuvier et Valenciennes, 1829
Blackbar Soldierfish
Frère Jacques
Rougé mombin

Taille : 15 cm - 21 cm
Profondeur : 4 - 18 m

Guadeloupe

Dépourvu d'épine remarquable.
Couleur rouge avec une large bande noire en arrière de l'ouverture branchiale.
Forme souvent des bancs importants sous les massifs coralliens dans la journée,recherchant les endroits obscurs.

CARDINAL POURPRE

Plectrypops retrospinis
(Guichenot, 1853)
Cardinal Soldierfish

Guadeloupe

Taille : 8 cm - 12 cm
Profondeur : 4 - 24 m

Immédiatement sous l'oeil, une plaque osseuse bordée de curieuses petites épines incurvées vers l'avant. Yeux placés en position antérieure et orientés vers l'avant. Caudale à deux lobes arrondis.
Remarquable par sa belle couleur uniforme proche de la pourpre cardinalice.
Un petit poisson très discret, difficile à observer. On le découvre parfois au plus profond d'une crevasse, de face, les deux yeux louchant vers l'intrus.

FAMILLE DES AULOSTOMIDÉS

(Poissons-trompettes)

Les Poissons-trompettes, au corps allongé et comprimé latéralement, sont pourvus d'un curieux museau tubulaire. La forme particulière de la bouche résulte de la soudure des maxillaires en une sorte de tube. Les nageoires dorsale et anale sont complètement décalées à l'arrière, la dorsale étant précédée de 8 à 12 épines séparées.

Ces poissons chassent de deux façons : soit à l'affût en se camouflant parmi les gorgones, souvent en position verticale immobile, soit en évoluant auprès d'un plus gros poisson (Mérou, Perroquet ou Labridé) qu'ils utilisent comme "couverture". Dans les deux cas, des crevettes ou des petits poissons, trompés par cette apparente léthargie sont subitement ingérés, la bouche tubulaire agissant un peu comme une pipette ou un aspirateur.

Cette seule espèce représente cette Famille aux Antilles.

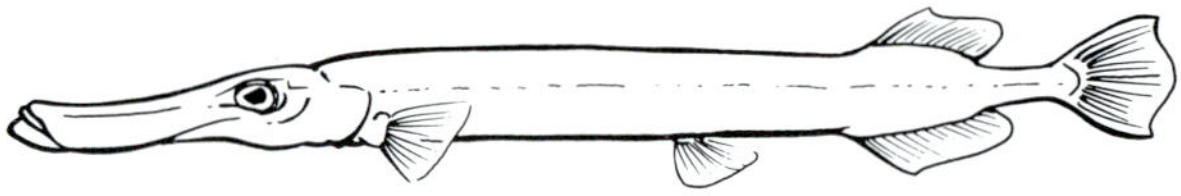

POISSON-TROMPETTE

Aulostomus maculatus
Valenciennes, 1842
Trumpetfish

Taille : 75 cm - 90 cm
Profondeur : 4 - 24 m

Guadeloupe

Mâchoire inférieure se projetant en avant de la supérieure et portant un petit barbillon. Couleurs variables en liaison avec son mimétisme. Souvent brun rougeâtre avec un réseau de lignes pâles et quelques petits points noirs. Mais dans certaines phases, c'est une couleur jaune brillante qui domine.

Très commun et facile à approcher, souvent dans des paysages mixtes où les coraux durs alternent avec les gorgones.

FAMILLE DES FISTULARIIDÉS

(Fistulaires)

Les Fistulaires ressemblent aux Poissons-trompettes, mais leur corps est dépourvu d'écailles. Il n'y a pas d'épines dorsales comme chez les Aulostomidés. Un appendice, allongé en forme de fouet, sort du milieu de la nageoire caudale.

On retrouve la même forme particulière de la bouche, employée comme un tube aspirateur pour gober les proies. Mais les Fistulaires ne semblent pas utiliser les mêmes méthodes de chasse à l'affût. Elles se montrent beaucoup plus actives, souvent rencontrées nageant assez rapidement au-dessus du paysage corallien.

Une seule espèce représente cette Famille aux Antilles.

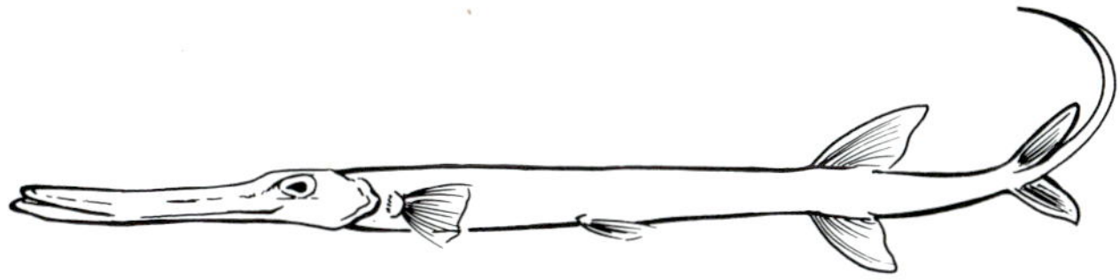

FISTULAIRE CURE-PIPE

Fistularia tabacaria
Linné, 1758
Cornetfish
Poisson-flûte

Guadeloupe

Taille : 0,80 m - 1,80 m
Profondeur : 1,50 - 9 m

Corps très fin et très allongé, terminé par une caudale fourchue, elle-même prolongée d'un très long filament médian.
Couleur marron avec de nombreux points bleus.
Souvent active, rapide et difficile à approcher. On l'observera également sur les fonds peu importants recouverts de gorgones arborescentes.

FAMILLE DES SYNGNATHIDÉS

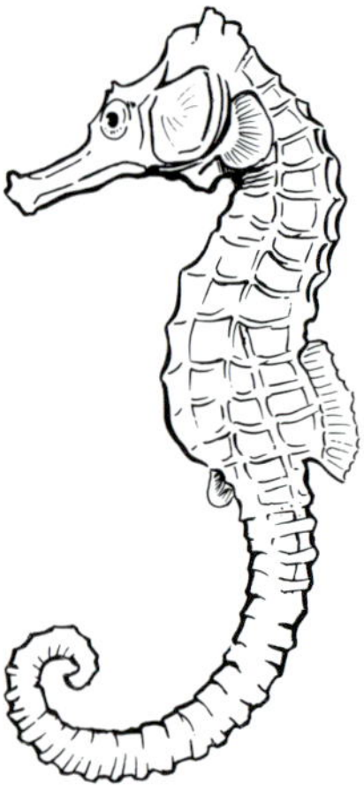

Les Syngnathidés sont de petits poissons pourvus d'une armure d'anneaux osseux encerclant le corps immédiatement sous la peau. La bouche est comparable à celle des Aulostomidés aussi bien dans sa forme, que dans son utilisation pour la capture des proies (petits crustacés).

Incapables de nager rapidement au point qu'on pourrait les capturer à la main, ils usent plutôt du camouflage pour assurer leur survie. Relativement peu communs, ils sont, de surcroît, rarement observés en raison de cette aptitude au mimétisme.

La reproduction des Syngnathidés constitue une curiosité de la nature puisque c'est le mâle qui assure l'incubation des œufs et ensuite la protection des alevins dans une poche située sur la face ventrale de la queue.

HIPPOCAMPE

Hippocampus reidi
Ginsburg, 1933
Slender Sea Horse
Cheval marin

Guadeloupe

Taille : 10 cm - 15 cm étiré
Profondeur : 0,30 - 12 m

L'Hippocampe se distingue par la station verticale du corps, la tête restant maintenue en position horizontale par une "encolure" rappelant le Cheval.
La queue dépourvue de nageoire caudale est transformée en un organe préhensile permettant l'accrochage sur des algues.
Couleur très variable, du jaune au gris et tous les intermédiaires.
Parfois observé dans des eaux calmes et peu profondes.

FAMILLE DES DACTYLOPTÉRIDÉS

(Rougets volants)

Les Rougets volants se caractérisent par des nageoires pectorales spécialement développées, dont la partie postérieure à la forme d'une grande aile. Le museau est court, l'angle facial presque vertical ce qui les fait ressembler aux Rougets grondins (Famille des Triglidés).

Ces poissons ont souvent été confondus avec les poissons volants (Genre *Exocoetus*). En fait, il est peu vraisemblable que les Dactyloptéridés, encastrés dans leur lourde armure osseuse, puissent effectuer des vols hors de l'eau.

Ils ont d'ailleurs des moeurs benthiques et on ne les observe jamais en pleine eau. Toutefois le terme de Rouget volant est retenu par l'usage par allusion à leurs ailes spectaculaires. Ils se nourrissent spécialement de petits crustacés et éventuellement d'autres invertébrés.

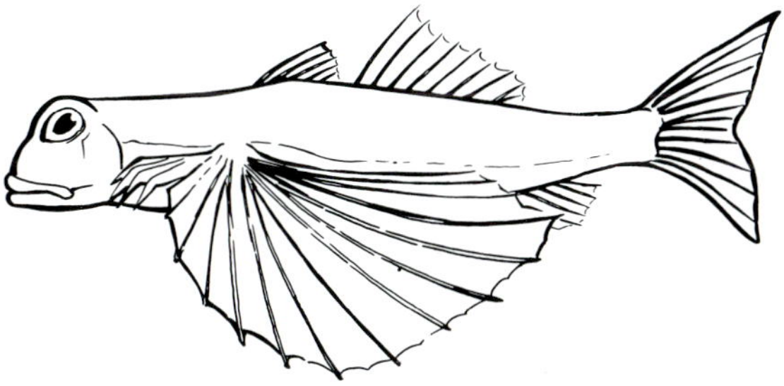

ROUGET VOLANT

Dactylopterus volitans
(Linné, 1758)
Flying Gurnard
Hirondelle
Poule de mer
Coq

Taille : 18 cm - 32 cm
Profondeur : 0,30 - 10 m

Les Saintes

Remarquable par ses pectorales en forme d'ailes parsemées de points bleus.
Parcourt les fonds sableux et les prairies en utilisant ses premiers rayons pectoraux comme des griffes pour fouiller les sédiments à la recherche de nourriture. Les "ailes" pectorales sont alors repliées le long du corps, mais se déploient en magnifiques éventails à l'approche du danger et juste avant une fuite rapide.

FAMILLE DES SCORPÉNIDÉS

(Poissons-scorpions)

Les Poissons-scorpions appartiennent au groupe des "joues cuirassées" (Ordre des Scorpéniformes). Ils ont en commun un arc osseux qui renforce la joue sous l'oeil jusqu'au préopercule. Il en résulte une tête d'apparence massive et large avec une bouche largement fendue. En plus des deux épines operculaires, il y a 4 ou 5 épines en bordure du préopercule, et souvent de nombreuses autres épines, cirres ou excroissances cutanées sur la tête, qui confèrent à ces poissons un aspect peu engageant.

La partie rigide de la nageoire dorsale est plus longue que la partie souple. Ce sont justement les rayons épineux de dorsaux qui présentent un certain danger puisqu'ils sont reliés à des glandes à venin situées à la base de la nageoire.

Les Poissons-scorpions sont souvent immobiles sur le fond, assez difficiles à distinguer de leur environnement. C'est ce qui leur permet de capturer, par un mouvement rapide associé à une aspiration d'eau, des proies qui peuvent être volumineuses : poissons ou crustacés.

Les piqûres de Poissons-scorpions sont très douloureuses et provoquent un malaise général qui, selon la tradition locale, se prolonge pendant 24 heures. Une raison de plus, pour le plongeur, de respecter l'environnement en maîtrisant sa flottabilité afin de ne pas râcler le fond ou entrer en contact malencontreusement avec un "Vingt-quatre heures".

VINGT-QUATRE HEURES COMMUN

Scorpæna plumieri
Bloch, 1789

Spotted Scorpionfish
Poisson-scorpion
Poisson-pierre

Taille : 15 cm - 40 cm
Profondeur : 1,50 - 15 m

LT = 26 cm Guadeloupe

De couleur variable mais on notera un large anneau clair autour du pédoncule caudal. Trois raies noires verticales sur la nageoire caudale.
Lorsque le poisson se met en mouvement les nageoires pectorales arborent une remarquable zone noire parsemée de points blancs.
Rencontré sur des fonds coralliens. Le plus commun de la Famille.

VINGT-QUATRE HEURES A CORNES

Scorpæna grandicornis
Cuvier et Valenciennes, 1829
Grass Scorpionfish
Lionfish
Poisson-scorpion
Poisson-pierre

Taille : 12 cm - 18 cm
Profondeur : 0,60 - 12 m

Martinique

De même allure générale que *S. plumieri*, mais remarquable par ses tentacules supra-orbitales très développées comme deux longues cornes.
Plus enclin à fréquenter les fonds herbeux ou les zones sableuses intercalées entre les massifs de corail.

PETIT POISSON-SCORPION

Scorpænodes caribbæus
Meek et Hildebrand, 1928
Reef Scorpionfish

Taille : 6 cm - 12 cm
Profondeur : 0,90 - 18 m

LT = 7 cm Les Saintes

Petit Scorpénidé ne possédant aucune excroissance sur le front.
A noter les petits points noirâtres sur les nageoires.
Une espèce vraisemblablement commune mais très discrète, parfois aperçue dans la pénombre des crevasses les plus profondes.

FAMILLE DES CENTROPOMIDÉS

Au sein de cette Famille, les espèces du Genre *Centropomus* sont caractérisées par une tête longue et pointue au profil supérieur rectiligne ou concave. Ces poissons vivent dans toutes les eaux tropicales d'Amérique, se tiennent volontiers dans les mangroves et parviennent souvent dans les eaux douces ou saumâtres en remontant les fleuves.

Une espèce, décrite ci-dessous, est commune aux Antilles.

BROCHET DE MER *(G)*
MATAVALLÉ *(M)*
Centropomus undecimalis
(Bloch, 1792)
Snook
Robalo
Snook-olive
Loubine *(Guyane)*

Taille : 0,70 m - 1,40 m
Poids : 4 kg - 23 kg
Profondeur : 0,90 - 15 m

Guadeloupe

Profil rappelant celui d'un Brochet d'eau douce.
Corps argenté avec une ligne latérale noire bien marquée.
Occasionnellement rencontré sur les récifs coralliens près des mangroves ou des embouchures de fleuves. Bien que très recherché dans certains pays d'Amérique tant pour l'excellence de sa chair que pour sa combativité au bout d'une ligne, il semble moins prisé aux Antilles.

FAMILLE DES SERRANIDÉS

Les Serranidés ont une silhouette caractérisée par un corps massif et une bouche relativement grande et protractile. Une seule nageoire dorsale composée d'une partie antérieure épineuse et d'une partie postérieure souple. Nageoires pelviennes en position pectorale. Nageoire anale à 3 rayons épineux suivis d'une partie souple. Caudale souvent arrondie.

Corps recouvert de petites écailles, y compris sur les joues et les opercules. Préopercule dentelé et opercule portant une ou plusieurs épines. Large bouche munie de petites dents fines, la mâchoire inférieure étant souvent proéminente. Tous les Serranidés sont carnivores, consommateurs de poissons ou de petits crustacés. De moeurs benthiques, on les trouve cachés dans des grottes ou nageant près du fond.

Sont décrits successivement :

- **Les Mérous** (au sens large) **:** Genres *Epinephelus* (Mérous proprement dits), *Cephalopholis* et *Mycteroperca.* La détermination en est quelquefois rendue délicate par les changements de couleurs au sein d'une même espèce. En plus de leurs facultés de mimétisme, ils peuvent montrer des nuances différentes en fonction de la profondeur ou de leur état d'excitation et même changer de phase colorée au cours de leur vie sexuelle. Ces poissons commencent en effet leur vie adulte comme femelles avant de devenir des mâles par la suite.

Tous les Mérous (au sens large) sont estimés pour la qualité de leur chair et exploités par la pêche artisanale et industrielle. Toutefois certaines espèces de *Mycteroperca,* et d'une façon générale certains gros spécimens ont causé des cas de ciguatera.

Nous proposons donc, pour une détermination précise de ces Genres, une clé permettant de s'affranchir des critères de couleurs.

- **Les autres Serranidés :**

les Genres *Alphestes*, *Hypoplectrus*, *Serranus*, *Liopropoma* et *Paranthias* : petits poissons aux couleurs vives et caractéristiques, permettant une identification facile à l'aide des figures.

CLÉ DE DÉTERMINATION DES MÉROUS
(au sens large)

A Nageoire dorsale à 9 rayons épineux..*Cephalopholis*

AA Nageoire dorsale à 11 rayons épineux :

B Nageoire anale à 7 à 10 rayons souples
(rarement 10)..*Epinephelus*

BB Nageoire anale à 11 à 14 rayons souples.............................*Mycteroperca*

CLÉ DE DÉTERMINATION DES ESPÈCES DU GENRE *EPINEPHELUS*

A Longueur du 5è rayon épineux dorsal inférieure à la hauteur du pédoncule caudal. 13 à 15 branchiospines (souvent 14) sur la branche inférieure du premier arc..*E. itajara*

AA Longueur du 5è rayon épineux dorsal supérieure ou égale à la hauteur du pédoncule caudal. 15 à 19 branchiospines (souvent 16 à 18) sur la branche inférieure du premier arc :

B Nageoire anale à 9 (ou 10) rayons souples. Caudale rectiligne ou concave.. *E. morio*

BB Nageoire anale à (7 ou) 8 rayons souples. Caudale convexe :

C Présence de larges bandes foncées transversales.. *E. striatus*

CC Pas de bandes foncées :

D Tache noire "en selle" sur le pédoncule caudal. Trois points noirs le long de l'insertion de la nageoire dorsale..*E. adscensionis*

DD Pas de tache sur le pédoncule caudal. Pas de points le long de la dorsale. Liseré noir en bordure des nageoires.....................*E. guttatus*

CLÉ DE DÉTERMINATION DES ESPÈCES DU GENRE *MYCTEROPERCA*

A Angle du préopercule en forme de lobe dentelé surmonté d'une encoche :

B 4 à 6 branchiospines sur la branche supérieure, 11 à 15 sur la branche inférieure du premier arc. Couleur jaune autour de la bouche..*M. interstitialis*

BB 18 à 21 branchiospines sur la branche supérieure, 29 à 36 sur la branche inférieure du premier arc. Lignes rayonnées en peignes en arrière des yeux..*M. rubra*

AA Angle du préopercule arrondi :

C Sur un fond sombre, présence d'étroites bandes claires obliques donnant un aspect tigré..*M. tigris*

CC Pas d'aspect tigré :

D Pectorale à marge orange étroite (1/5è de la nageoire), la couleur brune de la partie antérieure se mêlant graduellement à la couleur orange..*M. bonaci*

DD Pectorale à marge jaune-orange large (1/3 de la nageoire) et délimitée..*M. venenosa*

MÉROU GÉANT

Epinephelus itajara
(Lichtenstein, 1822)
Jewfish
Mérou tropical
Loche
Merloche

Taille : 1,20 m - 2,10 m
Poids : 100 kg - 308 kg
Profondeur : 3 - 30 m

LT = 65 cm Trinidad

Rayons épineux dorsaux à peu près tous égaux et relativement courts par rapport à la dorsale souple. Bouche très grande, le maxillaire s'étendant bien en arrière de l'oeil qui est petit.
Jaune brunâtre avec de petits points noirs sur tout le corps. Chez les spécimens jeunes, 5 bandes obliques et irrégulières, en travers du corps, qui s'estompent chez les adultes.
Souvent reconnaissable par sa seule taille qui peut être impressionnante.
Peu commun et généralement craintif.

VIEILLE BLANCHE *(G)*
VIERGE BLANCHE *(M)*

Epinephelus morio
(Cuvier et Valenciennes, 1828)
Red Grouper

Taille : 40 cm - 90 cm
Poids : 1,5 kg - 20 kg
Profondeur : 1,80 - 120 m

LT = 45 cm Guadeloupe

Les membranes interépineuses de la dorsale ne sont pas échancrées ce qui donne un aspect rectiligne au bord de cette nageoire.
Brun rougeâtre avec des taches plus pâles. Quelques petits points noirs autour des yeux qui sont verts.
Après la pêche, devient rapidement marbrée de taches blanches livides (d'où les incohérences de terminologie : Red Grouper/Vieille blanche).
Réputée toxique (ciguatera) dans certaines îles.

VIEILLE FRANCHE *(G)*
VIERGE CAYE *(M)*

Epinephelus striatus
(Bloch, 1792)
Nassau Grouper
Vieille rouge
Mérou rayé

Taille : 0,40 m - 1 m
Poids : 1,5 kg - 25 kg
Profondeur : 6 - 30 m

Saba

Le 3è rayon épineux dorsal est le plus long et les membranes interépineuses sont profondément échancrées.

Brun olivâtre avec de larges bandes foncées dont l'une passe obliquement sur l'oeil. Une large tache noire "en selle" sur le pédoncule caudal. Petits points noirs autour des yeux. On trouve les jeunes dans les herbiers, tandis que les adultes vivent dans les récifs. Assez commun et facile à observer en approche lente et calme.

WALIWA *(G)*
COURONNÉ NOIR *(M)*

Epinephelus adscensionis
(Osbeck, 1771)
Rock Hind
Grand gueule noir

Taille : 30 cm - 60 cm
Poids : 0,5 kg - 3 kg
Profondeur : 0,60 - 30 m

Guadeloupe

Teinte olivâtre, parsemée de points brun-orange sur tout le corps, y compris les nageoires. Une tache noire "en selle" sur le pédoncule caudal et une série de 5 taches moins nettes le long de la base de la dorsale.

Souvent posé sur le fond, se laisse approcher jusqu'au moment où la dorsale se hérisse pour annoncer une fuite rapide vers le trou le plus proche.

GRAND GUEULE *(G)* COURONNÉ ROUGE *(M)*

Epinephelus guttatus
(Linné, 1758)
Red Hind

Taille : 30 cm - 65 cm
Poids : 0,5 kg - 3,5 kg
Profondeur : 3 - 48 m

Saba

De même fond coloré que *E. adscensionis*, mais moucheté de points rouges répartis sur la tête et le corps, à l'exception des nageoires, dont les bordures sont soulignées de noir. Le plus commun du Genre *Epinephelus* aux Antilles. Souvent posé sur le fond. Même comportement de fuite que *E. adscensionis.*

VIEILLE GUEULE JAUNE *(G)*

VIERGE GUEULE JAUNE *(M)*

Mycteroperca interstitialis
(Poey, 1861)
Yellowmouth Grouper
Têtard

Taille : 30 cm - 68 cm
Poids : 0,5 kg - 4 kg
Profondeur : 3 - 24 m

Phase marbrée Iles Vierges

Caudale à bord concave, les rayons épineux se prolongeant au-delà de la membrane pour lui donner un aspect déchiqueté.
Gris brunâtre avec de petites taches sombres presque coalescentes sur la moitié supérieure du corps. Peut également se présenter sous une phase à motifs marbrés. Couleur jaune constante autour de la bouche et sur le bord de la dorsale épineuse (Photo de la phase marbrée).
Peu commune.

Les Saintes

VIEILLE MORUE *(G)*
VIERGE MORUE *(M)*

Mycteroperca tigris
(Cuvier et Valenciennes, 1833)

Tiger Grouper

Jacouenda
Maboute

Taille : 0,35 m - 1 m
Poids : 1 kg - 25 kg
Profondeur : 3 - 30 m

Canines assez grandes.
Les motifs en diagonale décrits dans la clé ne sont pas sans rappeler le Cabillaud (Morue).
Une espèce responsable de ciguatera dans certaines régions.
Assez commune sur certains sites, le long des tombants, non observée ailleurs.

Los Roques

VIEILLE NOIRE *(G)*
VIERGE NOIRE *(M)*

Mycteroperca bonaci
(Poey, 1861)

Black Grouper

Capitaine noir
Vieille marbrée

Taille : 0,40 m - 1,20 m
Poids : 1 kg - 80 kg
Profondeur : 6 - 30 m

Semblable à *M. venenosa*, mais silhouette un peu plus allongée avec une caudale rectiligne. En observation sous-marine, on remarquera surtout l'alignement des taches rectangulaires et la pupille relativement petite sur un globe oculaire très mobile. En plus des caractères de détermination donnés par la clé, on pourra observer les particularités suivantes :
17 rayons dorsaux souples et 12 rayons anaux souples.
Nageoires impaires à bordures noires larges. Taches sombres rectangulaires disposées en rangées longitudinales sur l'ensemble du corps. Sur les joues et le ventre, petites taches cuivrées hexagonales caractéristiques.
Vu la confusion fréquente entre les deux espèces, il sera prudent d'éviter également la consommation de *M. bonaci* dans les zones à risque.

VIEILLE A CARREAUX *(G)*
VIERGE TACHETÉE *(M)*

Mycteroperca venenosa
(Linné, 1758)

Yellowfin Grouper

Capitaine zailes jaunes, Capitaine rouge

Taille : 0,40 m - 1m
Poids : 1 kg - 25 kg
Profondeur : 4 - 36 m

Grenadines

Ressemble à *M. bonaci*, mais plus trapue et caudale légèrement concave. En plus des caractères de détermination donnés par la clé, on pourra observer les particularités suivantes :
-15 ou 16 rayons dorsaux souples.
-11 rayons anaux souples.
Nageoires impaires à marge noire étroite.Taches sombres grossièrement rectangulaires, vaguement alignées sur l'ensemble du corps.Très variable, la couleur dominante (gris ou rouge) dépend, entre autres facteurs, de la profondeur.
Comme son nom scientifique l'indique, ce poisson est réputé toxique, depuis des siècles, dans les régions où sévit la ciguatera.

VIEILLE A PEIGNES *(G)*
VIERGE A PEIGNES *(M)*

Mycteroperca rubra
(Bloch, 1793)

Comb Grouper

Taille : 30 cm - 70 cm
Poids : 0,5 kg - 4 kg
Profondeur : 3 - 40 m

Las Aves

Mérou aux couleurs discrètes, surtout remarquable par ses lignes sombres rayonnées en arrière de l'oeil et sur l'opercule.
Se rencontre à la limite des tombants.
Plus commun dans les Antilles du Sud.

VIEILLE VARECH *(G)*
VIERGE VARECH *(M)*
Alphestes afer
(Bloch, 1793)
Mutton Hamlet
Vieille de rivière

Taille : 20 cm - 30 cm
Profondeur : 1,50 - 24 m

LT = 18 cm Guadeloupe

Poisson au museau relativement court, les yeux étant placés très en avant sur la tête.
Dos un peu bombé juste en arrière de la tête.
Olivâtre ou marron avec des taches foncées irrégulières et des points orange ou rouges.
Peut être à dominante rouge ou à dominante marron, suivant l'habitat.
Souvent rencontré sur des fonds herbeux.

VIEILLE DE ROCHE *(G)*
COURONNÉ CHAT *(M)*
Cephalopholis cruentatus
(Lacépède, 1803)
Graysby
Grive
Mérou de roche

Taille : 20 cm - 30 cm
Profondeur : 3 - 18 m

Guadeloupe

Nageoire caudale à profil franchement convexe.
On notera la rangée de 3 ou 4 points le long de l'insertion de la dorsale, points qui peuvent être blancs ou noirs.
Très commune, souvent posée sur le fond, dans les zones strictement rocheuses ou coralliennes.

TANCHE *(G)*
WATALIBI *(M)*

Cephalopholis fulva
(Linné, 1758)
Coney
Fin

Taille : 20 cm - 30 cm
Profondeur : 3 - 18 m

Ressemble à *C. cruentatus*, mais avec une silhouette plus élancée et une caudale légèrement convexe.
Egalement spécialiste des variations de couleurs : le fond peut être un dégradé du rouge au brun ou bien une association de jaune et de vert olive. En observation sous-marine, souvent bicolore, avec la moitié inférieure du corps très pâle et la moitié supérieure foncée, ce qui pourrait correspondre à un état d'excitation. Apparaît quelquefois dans une phase jaune brillante assez rare. Dans tous les cas, le corps est constellé de très petits points bleus cerclés de noir. Deux marques constantes : une paire de points noirs sur le pédoncule caudal et une autre paire sur la lèvre inférieure.
Très commune, sur tous les types de fonds.

Phase rouge Saba

Phase bicolore Guadeloupe

Phase jaune Les Saintes

HAMLET MARBRÉ

Hypoplectrus puella
(Cuvier et Valenciennes, 1828)
Barred Hamlet

Guadeloupe

Taille : 10 cm - 12 cm
Profondeur : 3 - 15 m

Silhouette caractéristique, commune à tous les *Hypoplectrus.*
Sur le museau, les opercules et autour des yeux, un réseau de points et de fines lignes bleues brillantes, comparable à un gracieux maquillage (*puella* : la jeune fille).
Un très joli petit poisson, le plus commun des *Hypoplectrus,* dans toutes les zones riches en enchevêtrements de coraux les plus divers.

HAMLET UNICOLORE

Hypoplectrus unicolor
(Walbaum, 1792)
Butter Hamlet
Hamlet jaune

Bonaire

Taille : 10 cm - 12 cm
Profondeur : 3 - 15 m

Silhouette caractéristique de petit "mérou" un peu efflanqué, au dos élevé.
De couleur blanc crème avec quelques liserés bleus sur le museau, mais surtout une tache noire “en selle” bien visible sur le pédoncule caudal.
Peu commun.

HAMLET QUEUE JAUNE

Hypoplectrus chlorurus
(Cuvier et Valenciennes, 1828)
Yellowtail Hamlet

Guadeloupe

Taille : 10 cm - 12 cm
Profondeur : 3 - 12 m

Silhouette caractéristique de "mérou miniature" aux flancs rapprochés, au dos arrondi et élevé. Marron très foncé, presque noir avec la caudale jaune brillant.
Assez commun, dans toutes les zones où les empilements de coraux procurent une multitude de cachettes possibles.

HAMLET NÈGRE

Hypoplectrus nigricans
(Poey, 1852)
Black Hamlet

Les Saintes

Taille : 10 cm - 15 cm
Profondeur : 3 - 15 m

Silhouette caractéristique de petit "mérou" un peu efflanqué, au dos arrondi et élevé.
Se distingue par des nageoires pelviennes très longues, bien visibles sous le ventre.
Marron très foncé, presque noir avec des reflets bleuâtres sur la tête et le ventre.
Peu commun.

HAMLET TIMIDE

Hypoplectrus guttavarius
(Poey, 1852)
Shy Hamlet

Guadeloupe

Taille : 10 cm - 12 cm
Profondeur : 3 - 15 m

Silhouette caractéristique de petit "mérou", plutôt aplati latéralement, avec un dos élevé et arrondi.
Tête, abdomen et nageoires jaune orangé. Sur le museau, une tache noire cerclée d'un bleu brillant.
Plus rare que les précédents.

SERRAN GARDE SUISSE

Liopropoma rubre
Poey, 1861
Swissguard Basslet
Peppermint Bass

Guadeloupe

Taille : 5 cm - 8 cm
Profondeur : 3 - 42 m

Petit Serran très fin au corps allongé et aplati latéralement.
Remarquable par sa livrée rayée et ses quatre points noirs aux extrémités des nageoires impaires.
Rarement observé car très discret. A rechercher, avec beaucoup de patience, dans les anfractuosités de certains massifs coralliens les plus découpés.

SERRAN VIEILLE

Serranus dewegeri
Metzelaar, 1919
Vieja

Taille : 25 cm - 32 cm
Profondeur : 0,60 - 36 m

LT = 32 cm
Trinidad

Un Serran qui, par sa morphologie, ses couleurs et sa taille, peut rappeler certaines Vieilles (Genres *Epinephelus* ou *Mycteroperca*), et la morphologie générale des Mérous.
On notera les taches orange et la grosse tache noire à la base de la pectorale.
Rencontré dans le sud des Antilles.

SERRAN TIGRÉ

Serranus tigrinus
(Bloch, 1790)
Harlequin Bass
Serran arlequin

Taille : 8 cm - 10 cm
Profondeur : 0,60 - 36 m

Guadeloupe

Petit Serran à la silhouette allongée et fusiforme.
Aisément reconnaissable à sa livrée élégante, composée de taches et bandes noires sur un fond verdâtre à jaune pâle.
Le plus commun du Genre *Serranus,* très abondant même à faible profondeur dans les paysages strictement coralliens.

SERRAN TABAC

Serranus tabacarius
(Cuvier et Valenciennes, 1829)
Tobacco Fish

Taille : 10 cm - 17 cm
Profondeur : 0,90 - 68 m

Bonaire

Serran de petit format à la silhouette allongée et fusiforme.
Caractérisé par des flancs de couleur tabac et une série de taches blanches et de points sombres le long du dos.
Abondant sur certains sites, non observé ailleurs.

SERRAN TORTUE

Serranus tortugarum
Longley, 1935
Chalk Bass

Taille : 5 cm - 8 cm
Profondeur : 10 - 91 m

St Barthélémy

erran de petit format à la silhouette allongée et fusiforme.
3leu clair avec des plaques noires “en écailles de tortue” sur le dos.
)ccasionnellement rencontré sur des fonds sableux mêlés de débris coralliens.

CRÉOLE

Paranthias furcifer
(Cuvier et Valenciennes, 1828)
Creole Fish

Guadeloupe

Taille : 20 cm - 26 cm
Profondeur : 7 - 48 m

Parfaitement fusiforme avec une caudale nettement fourchue.
A noter la tache rouge à la base de la pectorale et les 3 points blancs alignés le long du dos.
Les Créoles vivent en bancs, près du fond, se nourrissant de plancton.
Souvent abondantes en profondeur le long des tombants.

FAMILLE DES GRAMMISTIDÉS

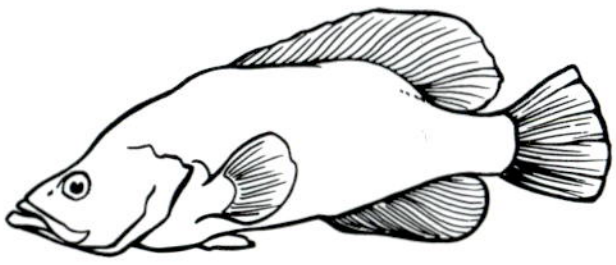

Les Grammistidés, proches des Serranidés, ont une peau recouverte de minuscules écailles qui sécrète un abondant mucus, surtout en situation de stress. Ce mucus, contenant des protéines toxiques, a certainement pour fonction de repousser les prédateurs. Il confère au poisson un contact visqueux et mousseux lorqu'on le saisit à la main.

SAVONNETTE COMMUNE

Rypticus saponaceus
(Bloch et Schneider, 1801)
Soapfish
Poisson-savon
Mérou-savon

Guadeloupe

Taille : 20 cm - 28 cm
Profondeur : 4 - 18 m

Profil de la tête très effilé, avec un front rectiligne presque concave.
Gris ou gris-marron avec de petits points blancs, presque coalescents, sur le corps et la nageoire dorsale.
Solitaire et souvent caché parmi les coraux, se nourrit de petits invertébrés.

SAVONNETTE TACHETÉE

Rypticus subbifrenatus
Spotted Soapfish

Guadeloupe

Taille : 10 cm - 15 cm
Profondeur : 4 - 40 m

Petit poisson de même morphologie que le précédent.
Marron avec de petits points noirs cerclés de blanc. Très discret et rarement visible.

FAMILLE DES GRAMMIDÉS

(Poissons-fées)

Les Poissons-fées sont de petits poissons vivement colorés proches des Serranidés. Une seule espèce, du Genre *Gramma*, est observée dans les Petites Antilles.

FÉE LORETTE

Gramma loreto
Poey, 1868
Fairy Basslet
Gramma royal

Taille : 5 cm - 7 cm
Profondeur : 5 - 60 m

Guadeloupe

Nettement bicolore et caractéristique avec la moitié antérieure violette et la moitié postérieure jaune brillant. Une tache noire à l'avant de la dorsale.
Vit sous des surplombs ou à l'intérieur des grottes, nageant toujours avec le ventre orienté vers la paroi et donc en position complètement inversée lorsqu'il se trouve sous le plafond. Très craintif, se cache rapidement dans de petits trous de la roche.
Un adorable petit poisson, très apprécié en aquariophilie.

FAMILLE DES PRIACANTHIDÉS

Les Priacanthidés sont répandus dans tous les océans tropicaux. Corps très comprimé. Grande bouche oblique, presque verticale avec une mâchoire inférieure proéminente. Grands yeux. Corps et tête recouverts de petites écailles, de couleur rouge.

De moeurs nocturnes, mais pas uniquement. On les trouve, dans la journée, à l'ombre des surplombs coralliens, où ils se nourrissent de petits poissons, crustacés et vers. Ils se laissent facilement approcher et constituent donc des proies relativement faciles pour les chasseurs sous-marins.

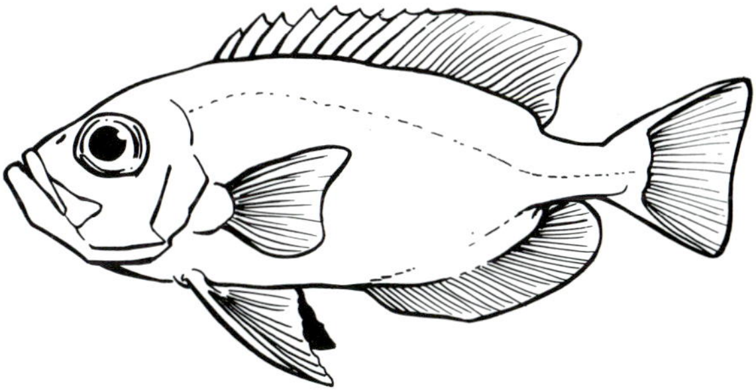

SOLEIL FRANC *(G)*
JUIF ROUGE *(M)*
Priacanthus arenatus
Cuvier et Valenciennes, 1829
Bigeye
Catalufa rouge
Soleil grand fond *(G)*
Juif grand fond *(M)*

Taille : 25 cm - 40 cm
Poids : 300 g - 700 g
Profondeur : 15 - 60 m

Iles Vierges

Pas d'épine préoperculaire (ou petite pointe assez courte). Caudale légèrement concave. Couleur rouge vif, uniforme et constante, avec une bordure noire aux nageoires pelviennes, anale et caudale.
Vit en bancs, généralement à des profondeurs supérieures à 15 m, près des massifs coralliens, mais s'aventurant aussi vers des zones sableuses découvertes.

SOLEIL BATARD *(G)*
JUIF CAYE *(M)*

Priacanthus cruentatus
(Lacépède, 1801)
Glasseye
Catalufa oeil de verre
Laqué noir

Taille : 20 cm - 30 cm
Poids : 200 g - 400 g
Profondeur : 4 - 15 m

Guadeloupe

Présence, à l'angle du préopercule, d'une épine courbe, fine mais bien développée, atteignant le bord de l'opercule. Caudale légèrement convexe.
Couleur variable : rouge uniforme plus ou moins foncé ou rouge marbré de traces argentées.
Généralement solitaire et rencontré à faible profondeur, sous les surplombs coralliens.

FAMILLE DES INERMIIDÉS

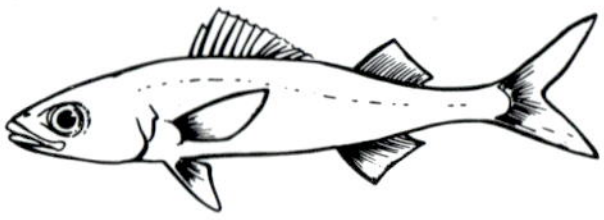

Petits poissons au corps allongé, à dominante argentée. Nageoire caudale fourchue. Bouche oblique et très protractile, adaptée à l'absorption du plancton.

BOGUE

Inermia vittata
Poey, 1861
Boga

Taille : 15 cm - 20 cm
Profondeur : 9 - 45 m

Guadeloupe

Corps fusiforme, avec quatre rayures sombres longitudinales. Museau jaunâtre.
Une espèce vivant en bancs assez importants, évoluant au-dessus des fonds rocheux.
Communément observée en plongée de nuit.

FAMILLE DES APOGONIDÉS

(Cardinaux)

Les Cardinaux, petits poissons souvent vêtus de "pourpre cardinalice", méritent cette dénomination officielle (Cardinalfishes des anglophones) même si elle peut prêter à confusion avec le terme "Cardinal", consacré par l'usage pour l'appellation de certains Holocentridés.

Ces petits Apogonidés ont une grosse tête et de grands yeux, une bouche fendue obliquement avec la mâchoire inférieure proéminente, et deux nageoires dorsales séparées.

Ils sont carnivores, de moeurs nocturnes. Le mâle assure l'incubation des oeufs à l'intérieur de sa bouche.

Assez difficiles à observer dans la journée, on les trouve dans la pénombre des grottes ou au plus profond des crevasses. Très jolis petits poissons que l'on peut voir en abondance, la nuit, tournoyer dans les faisceaux des lampes.

CARDINAL FLAMBOYANT

Apogon maculatus
(Poey, 1861)
Flamefish

Taille : 6 cm - 10 cm
Profondeur : 0,60 - 18 m

Guadeloupe

Rouge brillant, caractérisé par une bande sombre longitudinale en travers de l'oeil, une tache noire sous la deuxième dorsale et une tache "en selle" sur le pédoncule caudal. Le plus commun des Cardinaux aux Antilles, à rechercher dans les failles obscures.

CARDINAL A CEINTURES

Apogon townsendi

Belted Cardinalfish

Guadeloupe

Taille : 5 cm - 7 cm
Profondeur : 1,50 - 54 m

Couleur rose avec des reflets irisés, une "ceinture" noire sous la deuxième dorsale, et une paire de "ceintures" autour du pédoncule caudal.
Observé en abondance en pleine eau pendant les plongées nocturnes.

CARDINAL DES ÉPONGES

Phæoptyx xenus

Böhlke et Randall, 1968

Sponge Cardinalfish

Guadeloupe

Taille : 4 cm - 6 cm
Profondeur : 0,30 - 42 m

De couleur cuivrée avec de nombreux petits points noirs. Liserés noirs à la base des nageoires dorsale et anale. Une "ceinture" noire autour du pédoncule caudal. Une raie noire en diagonale sous l'oeil.
Se cache dans les éponges pendant la journée.

CARDINAL POINTILLÉ

Astrapogon puncticulatus
(Poey)
Punctate Cardinalfish

Guadeloupe

Taille : 5 cm - 7 cm
Profondeur : 0,90 - 12 m

Nageoires pelviennes longues, atteignant le milieu de la base de la nageoire anale. Museau court et arrondi. Marron avec des reflets argentés, particulièrement autour des yeux. Rencontré occasionnellement la nuit.

FAMILLE DES *MALACANTHIDÉS*

(Perches-tuiles)

Les Malacanthidés ont un corps allongé, fusiforme, avec des nageoires dorsale et anale longues et continues.

VIVE

Malacanthus plumieri
(Bloch, 1787)
Sand Tilefish
Perche-tuile aréneuse

St Eustache

Taille : 40 cm - 60 cm
Profondeur : 6 - 21 m

Corps allongé terminé par une caudale en croissant de lune dont les extrémités se prolongent par deux filaments. Bouche horizontale avec des lèvres charnues, pourvue de canines. Bordures orange remarquables sur la caudale.
Vit sur des fonds sableux et se réfugie très vite, tête la première, dans son trou en cas de danger. Se nourrit d'invertébrés et de petits poissons. Ses canines peuvent infliger de désagréables morsures. Aucun lien avec les Vives venimeuses d'Europe (Famille des Trachinidés). Aucun appareil venimeux.

FAMILLE DES ECHÉNÉIDIDÉS

(Rémoras)

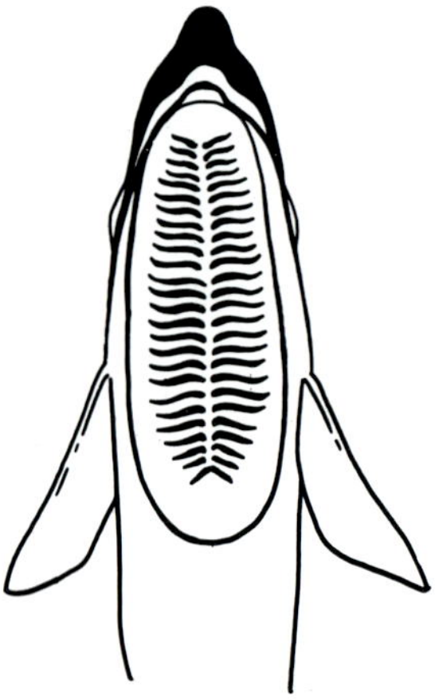

Détail de la ventouse.

Les Rémoras possèdent, sur la tête un disque adhésif elliptique, garni de lamelles transversales et bordé d'un repli de peau.

On peut les observer nageant librement, mais ils se fixent le plus souvent sur de gros poissons, des tortues, des cétacés, des coques de bateaux ou même sur des plongeurs !

On pense que les Rémoras ne vivent pas seulement sur les restes de leurs hôtes, mais se nourrissent également de plancton et de petits poissons pélagiques, et, en échange de leur transport, débarrassent le "véhicule" de ses parasites externes.

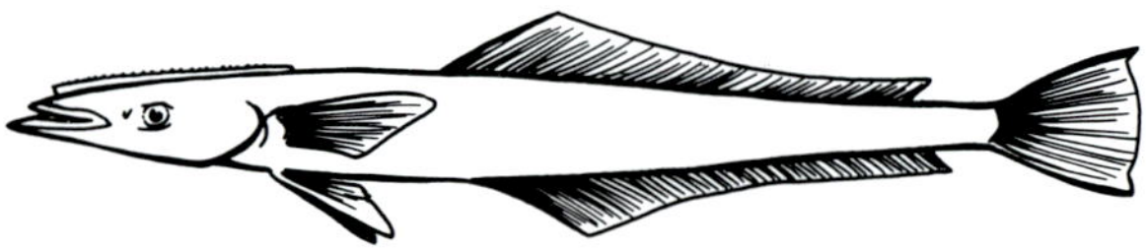

RÉMORA RAYÉ

Echeneis naucrates
Linné, 1758
Sharksucker
Sucet

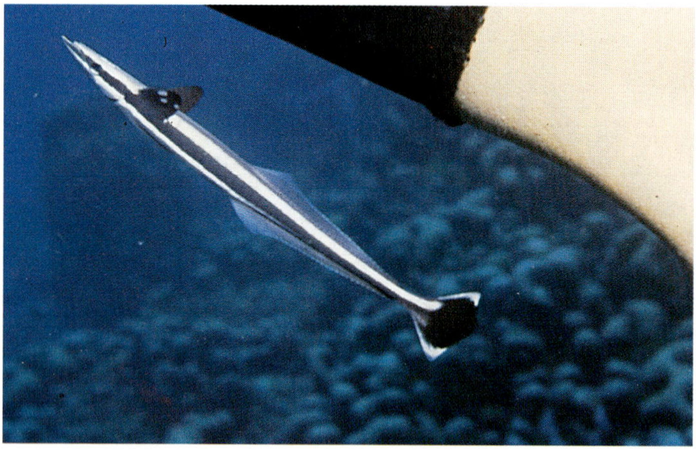

Guadeloupe

Taille : 45 cm - 90 cm
Profondeur : 0 - 45 m

Disque comportant 21 à 27 lamelles. Corps très allongé. Nageoires pectorales pointues. Une longue rayure noire de l'extrémité de la mâchoire inférieure (proéminente) jusqu'à la base de la caudale.
Se fixe sur Requins, Raies, Tortues et tous les gros poissons coralliens.

FAMILLE DES CARANGIDÉS

Formant une importante Famille représentée dans toutes les mers chaudes ou tempérées, les Carangidés ont des tailles et formes variables : le corps est souvent fusiforme avec un maigre pédoncule caudal. La peau est parfois nue ou couverte de petites écailles. La ligne latérale est souvent recouverte, dans sa partie postérieure, par un alignement de plaques écailleuses appelé carène latérale.

La nageoire dorsale est plus ou moins bipartite, les rayons épineux sont courts et peuvent être rabattus dans un sillon. La nageoire anale est précédée de deux rayons épineux généralement séparés (certainement le caractère le plus distinctif de cette Famille). La nageoire caudale est profondément fourchue. Les pectorales sont généralement falciformes.

Les Carangidés sont souvent argentés, brillants, avec quelques nuances colorées allant du bleu au vert.

Ce sont des pélagiques, prédateurs rapides qui viennent souvent poursuivre leurs proies au voisinage des récifs coralliens.

La chair de beaucoup de Carangidés est très estimée mais quelques espèces, signalées dans les monographies, sont rejetées dans certaines régions en raison du risque de ciguatera. En présence d'un spécimen pêché, il est donc prudent d'utiliser les clés pour une détermination précise.

CLÉ DE DÉTERMINATION DES CARANGIDÉS

A Carène latérale bien développée :

B Petit format. Ligne latérale à courbe peu prononcée vers le haut. Pectorale n'atteignant pas ou frôlant tout juste le bord antérieur de la nageoire anale souple :

C Présence de pinnules séparées en arrière des nageoires anale et dorsale...*Decapterus*

CC Pas de pinnules...*Selar*

BB Moyen ou grand format. Ligne latérale nettement incurvée vers le haut dans sa partie antérieure. Pectorale dépassant le bord antérieur de la nageoire anale souple :

CLÉ DE DÉTERMINATION DES CARANGIDÉS (suite)

D Premiers rayons dorsaux et anaux prolongés par des filaments .... *Alectis*

DD Pas de filaments .... *Caranx*

AA Pas de carène latérale :

E Présence de pinnules séparées en arrière des nageoires anale et dorsale .... *Elagatis*

EE Pas de pinnules :

F Corps très comprimé et très élevé. Espace entre l'oeil et la mâchoire supérieure égal ou supérieur à deux fois le diamètre de l'oeil .... *Selene*

FF Corps de forme variable. Espace entre l'oeil et la mâchoire supérieure égal ou inférieur au diamètre de l'oeil :

G Profil en “nez cassé”, marqué par une brusque convexité à hauteur de l'oeil .... *Trachinotus*

GG Profil régulièrement convexe, sans cassure, depuis le haut de la tête jusqu'au museau .... *Seriola*

CLÉ DE DÉTERMINATION DES ESPÈCES DU GENRE *CARANX*

A Bande noire longeant la base de la dorsale, traversant le pédoncule caudal et se prolongeant le long du lobe caudal inférieur. Bande bleue et brillante sur le dos, juste sous la bande noire. 29 à 35 branchiospines sur la branche inférieure du premier arc... *C. ruber*

AA Pas de bande noire telle que décrite ci-dessus. Parfois quelques reflets bleus sur le dos. Au plus 28 branchiospines sur la branche inférieure du premier arc :

B Taches noires aux extrémités des lobes caudaux. 23 à 28 branchiospines sur la branche inférieure du premier arc... *C. crysos*

BB Pas de taches noires aux extrémités des lobes caudaux. 14 à 21 branchiospines sur la branche inférieure du premier arc :

C Couleur brune à noire uniforme. Profil frontal interrompu par une légère concavité... *C. lugubris*

CC Couleur non uniforme. Profil régulièrement convexe :

D Pas de point noir sur l'opercule. 25 à 28 rayons dorsaux souples................................. *C. bartholomæi*

DD Présence d'un point noir sur l'opercule. 19 à 22 rayons dorsaux mous :

E Poitrine dépourvue d'écailles. Une tache noire à l'insertion de la pectorale et une autre tache noire sur cette même nageoire... *C. hippos*

EE Poitrine écailleuse. Pas de taches noires sur la pectorale... *C. latus*

SERIOLE LIMON

Seriola rivoliana
Cuvier et Valenciennes, 1833
Almaco Jack
Babiane

St Barthélémy

Taille : 50 cm - 90 cm
Poids : 3 kg - 20 kg
Profondeur : 15 - 54 m

Parmi les Sérioles ou Fausses-Carangues, *S. rivoliana* se distingue par une silhouette trapue et une nageoire dorsale élevée (longueur du lobe dorsal contenue 4,5 à 5,2 fois dans la LF). Une bande sombre parcourt le museau et la nuque en passant sur l'oeil.
Pélagique du large, occasionnellement rencontrée près des récifs littoraux où elle effectue des passages rapides.
Suspecte de ciguatera. Dénommée parfois *Seriola falcata.*
La Sériole couronnée, *Seriola dumerili* (Risso, 1810), présente une silhouette plus allongée et une nageoire dorsale plus courte (longueur du lobe dorsal contenue 7,2 à 7,7 fois dans la LF).
La Sériole babiane, *Seriola fasciata* (Bloch, 1793), ressemble à la précédente, mais vit à des profondeurs supérieures à 55 m.
Toutes ces espèces sont généralement rejetées par les pêcheurs (risque de ciguatera).

BATARD COLAS *(G)*
SAUMON *(M)*

Elagatis bipinnulatus
(Quoy et Gaimard, 1824)
Rainbow Runner
Dauphin

Ste Lucie

Taille : 0,60 m - 1,20 m
Poids : 1 kg - 15 kg
Profondeur : 0 - 36 m

Corps allongé, fusiforme, sans carène latérale.
Bleu acier sur le dos avec deux bandes bleues longitudinales séparées par une bande jaune.
Vit en bancs pélagiques, se rapprochant parfois des côtes.

GROS COULIROU

Selar crumenophthalmus
(Bloch, 1793)
Bigeye Scad
Chinchard

Taille : 15 cm - 40 cm
Profondeur : 0 - 152 m

Los Roques

Petit poisson au corps fuselé avec un gros oeil et dépourvu de pinnules.
Bande jaune cuivrée longitudinale.
Il vit en bancs et se nourrit de plancton et d'invertébrés benthiques, souvent en eaux peu profondes, près du littoral, où il peut côtoyer les bancs de Caillus (cf. p. 42).

COULIROU DE CANAL

Decapterus macarellus
(Cuvier et Valenciennes, 1833)
Mackerel Scad
Tchatcha
Maquereau

Taille : 15 cm - 30 cm
Profondeur : 0 - 40 m

LT = 22 cm

Guadeloupe

Petit poisson semblable au précédent mais plus élancé et pourvu de pinnules en arrière des nageoires dorsale et anale.
Un point noir au bord de l'opercule à hauteur de l'oeil. Nageoire caudale rougeâtre.
Même comportement que les autres Coulirous.

CARANGUE FRANCHE

Caranx ruber
(Bloch, 1793)
Bar Jack
Carangue à pisquette
Carangue bleue
Camade

Taille : 30 cm - 60 cm
Profondeur : 0 - 18 m

Saba

Caractéristique par sa bande noire et sa bande bleue brillante (cf clé).
La plus commune des Carangues. Solitaire ou en bancs, se nourrit en chassant de petits poissons comme les Pisquettes. Effectue parfois de rapides passages en pleine eau à proximité des plongeurs.
En général consommée sans hésitation dans les Petites Antilles.

CARANGUE JAUNE

Caranx bartholomæi
(Cuvier et Valenciennes, 1833)
Yellow Jack

Taille : 30 cm - 75 cm
Profondeur : 0 - 40 m

LT = 35 cm

Guadeloupe

Semblable à *C. ruber* mais avec une couleur jaune dominante en particulier sur les nageoires. Il peut y avoir quelques reflets bleus brillants le long du dos, mais pas une franche bande bleue.
En cas de doute, consulter la clé de détermination et le décompte des branchiospines.
Moins commune que *C. ruber*, elle semble vivre à de plus grandes profondeurs et à l'extérieur des récifs littoraux. Connue pour provoquer la ciguatera, elle est systématiquement rejetée par la plupart des pêcheurs.

CARANGUE COUBALI

Caranx crysos
(Mitchill, 1815)
Blue Runner
Carangue bleue
Robdoï

Taille : 40 cm - 60 cm
Profondeur : 0 - 40 m

LT = 27 cm *Guadeloupe*

Semblable à *C. ruber* et *C. bartholomæi* : cf clé pour une détermination précise.
Se distingue également par une bouche plus large, la commissure dépassant en arrière le centre de l'oeil.
On remarquera surtout les extrémités noires remarquables des deux lobes de la nageoire caudale.
Poisson pélagique vivant en bancs qui visitent occasionnellement les récifs du large.

CARANGUE GRASSE

Caranx hippos
(Linné, 1766)
Crevalle Jack
Carangue petits yeux
Carangue crevalle

Taille : 40 cm - 90 cm
Poids : 1 kg - 15 kg
Profondeur : 0 - 40 m

LT = 32 cm *Guadeloupe*

Carangue au corps massif avec un museau très busqué. La région frontale est épaisse et charnue (C. grasse).
Une tache noire au bord de l'opercule à hauteur de l'oeil. Une autre tache noire à l'insertion de la pectorale et une troisième le long de son bord inférieur. Caudale parfois jaunâtre.
Peu commune dans les eaux coralliennes claires. Peut parfois former des bancs mixtes avec *C. latus*.

CARANGUE GROS YEUX

Caranx latus
Agassiz, 1829
Horse-Eye Jack
Horse-Eye Trevally
Mayol

Taille : 40 cm - 90 cm
Poids : 1 kg - 15 kg
Profondeur : 0 - 18 m

Guadeloupe

Semblable à *C. hippos*, mais l'oeil est plus gros, le profil moins abrupt et le front moins épais. Pas de taches sur la pectorale. Tache operculaire plus petite ou absente. Carène latérale devenant plus foncée dans sa partie postérieure. Caudale jaune.
Excellente nageuse, vivant en bancs et chassant volontiers près des massifs coralliens. Généralement vénéneuse (ciguatera).

CARANGUE NOIRE

Caranx lugubris
Poey, 1860
Black Jack

Taille : 50 cm - 75 cm
Poids : 3 kg - 7 kg
Profondeur : 15 - 60 m

Saba

Poisson à front très élevé avec une légère concavité au niveau de l'oeil.
Presque noir sur le dos, devenant gris-bleu ventralement. Carène latérale noire.
Pas très commune, parfois observée le long de tombants à des profondeurs supérieures à 30 m.
Suspecte de ciguatera en certaines régions.

CARANGUE A PLUMES

Alectis ciliaris
(Bloch, 1788)
African Pompano
Poisson-cordonnier

Guadeloupe

Taille : 40 cm - 90 cm
Poids : 1 kg - 8 kg
Profondeur : 0 - 100 m

Silhouette générale évoquant un losange. Les sept premiers rayons mous de la nageoire dorsale et les cinq premiers de l'anale, très allongés chez les jeunes, se prolongent en filaments jusqu'en arrière de la caudale. Ils raccourcissent avec l'âge, mais restent toujours très remarquables.
Les jeunes, remorquant leurs longs filaments, peuvent passer pour des méduses : on a supposé que cette ressemblance pouvait leur permettre de dissuader les prédateurs. Parfois dénommée *Alectis crinitus.*
Peu commune.

CARANGUE ZAILES RONDES

Trachinotus goodei
Jordan et Evermann, 1896
Palometa
Carangue quatre Lime

LT = 18 cm
Guadeloupe

Taille : 20 cm - 35 cm
Profondeur : 0 - 10 m

Poisson très aplati. Oeil placé très près de la bouche.
Les nageoires dorsale et anale ont leurs premiers rayons très allongés et bordés de noir.
Quatre étroites rayures sombres transversales.
Se nourrit de petits poissons et mollusques, sur des fonds de sable, souvent tout près des plages. Parfois dénommé *Trachinotus glaucus.*

CARANGUE POMPANEAU

Trachinotus falcatus
(Linné, 1758)
Permit
Liche

Bonaire

Taille : 0,60 m - 1 m
Poids : 4 kg - 20 kg
Profondeur : 0 - 30 m

Semblable à *T. goodei*, mais de plus grande taille. Les grands rayons dorsaux et anaux sont moins longs. Le profil antérieur de la tête est nettement busqué.
Ventre jaune-orangé.
Se nourrit d'oursins, de crustacés, mais surtout de mollusques dont elle est capable de broyer les coquilles les plus résistantes.
Peu commune.

CARANGUE LUNE

Selene vomer
(Linné, 1758)
Lookdown
Lune

LT = 35 cm

Guadeloupe

Taille : 20 cm - 30 cm
Profondeur : 0,60 - 9 m

Carangue au corps très aplati, surtout remarquable par son front élevé et abrupt qui lui vaut un faciès un peu humanoïde.
Peau argentée et brillante.
Fréquente les eaux peu profondes, souvent dans des secteurs vaseux et troubles. Peut être occasionnellement rencontrée en bancs, près de récifs coralliens, dans une attitude caractéristique, tête dirigée vers le bas.

FAMILLE DES GERRÉIDÉS

Les Gerréidés sont des poissons relativement aplatis latéralement, de couleur argentée avec un museau pointu terminé par une mâchoire supérieure très protractile, capable de s'orienter vers le bas en guise de suceuse. La nageoire dorsale, unique, peut se replier dans une sorte d'étui, tout comme la nageoire anale. La caudale est franchement fourchue.
Ils se nourrissent d'invertébrés tels que vers, mollusques, petits crustacés qu'ils recherchent en parcourant les fonds sableux ou vaseux avec leurs museaux en forme d'aspirateurs. Le sable est rejeté ensuite par les fentes branchiales.

BLANCHE CENDRÉE

Gerres cinereus
(Walbaum, 1792)
Yellowfin Mojarra
Girard

Taille : 20 cm - 35 cm
Profondeur : 1,50 - 12 m

Guadeloupe

Une Blanche au dos relativement élevé. Couleur grise avec des nageoires pelviennes jaunes. Poisson nageant rapidement, souvent près de plages, généralement assez fuyant.

BLANCHE ARGENTÉE

Eucinostomus argenteus
Baird et Girard, 1854
Spotfin Mojarra

Taille : 12 cm - 18 cm
Profondeur : 0 - 9 m

LT = 14 cm Guadeloupe

Forme plus allongée que *G. cinereus.* Couleur argentée avec une tache sombre dans la partie haute de la nageoire dorsale. Même comportement que *G. cinereus.*

FAMILLE DES LUTJANIDÉS

(Happeurs)

Plusieurs espèces de Lutjanidés sont représentées en abondance dans toutes les eaux coralliennes. Ils sont proches des Serranidés, mais la caudale est concave ou même fourchue ; les mâchoires sont superposées ou souvent l'inférieure légèrement proéminente, avec quelques canines et de fines dents sur le vomer ou l'os du palais (ces dents vomériennes ou palatines constituent des taches visibles à l'intérieur de la bouche souvent intéressantes pour la détermination de quelques espèces).

Les Lutjanidés mènent une existence souvent grégaire, au voisinage du fond et des crevasses qui leur servent d'abris. Ils se nourrissent de petits poissons mais surtout de crustacés.

Ils constituent la majeure partie des poissons pêchés et consommés aux Antilles.

Beaucoup d'espèces, largement représentées sur les marchés, sont capturées à de grandes profondeurs (cf. Annexe p.198). Nous ne décrirons ici que les espèces susceptibles d'être rencontrées près des massifs coralliens littoraux. Parmi elles, quelques-unes, assez bien connues, présentent un risque de ciguatera. La dénomination "Pagre", réservée en principe à des Sparidés, est consacrée par l'usage aux Antilles pour désigner beaucoup de Lutjanidés.

CLÉ DE DÉTERMINATION DES LUTJANIDÉS

A Espace plat entre les yeux. Derniers rayons dorsaux et anaux plus allongés :

B Dorsale non échancrée entre la partie rigide et la partie souple...*Pristipomoides*

BB Dorsale échancrée profondément entre la partie rigide et la partie souple...*Etelis*

AA Espace convexe entre les yeux. Derniers rayons dorsaux et anaux semblables aux précédents :

C 12 (rarement 13) rayons dorsaux épineux................................*Rhomboplites*

CC 10 (rarement 11) rayons dorsaux épineux :

D 18 à 22 branchiospines sur la branche inférieure du premier arc (rudiments exclus)....................*Ocyurus*

DD 16 (rarement 17) branchiospines sur la branche inférieure du premier arc (rudiments exclus)..*Lutjanus*

CLÉ DE DÉTERMINATION DES ESPÈCES DU GENRE *LUTJANUS*

A 12 rayons dorsaux souples et une tache noire vers l'arrière du dos :

- **B** Ligne latérale passant au centre de la tache noire..*L. mahogani*

- **BB** Ligne latérale passant sous la tache noire ....*L. synagris*

AA 14 rayons dorsaux mous :

- **C** Lobe de la nageoire anale pointu :

  - **D** Plaque de dents vomériennes en forme de flèche (ouvrir la bouche et regarder le palais)................*L. vivanus*

  - **DD** Plaque de dents vomériennes en forme de croissant...*L. analis*

- **CC** Lobe de la nageoire anale arrondi :

  - **E** Une tache noire à l'insertion de la pectorale.....................*L.buccanella*

  - **EE** Pas de tache noire à l'insertion de la pectorale :

    - **F** Plaque de dents vomériennes en forme de croissant (ouvrir la bouche et regarder le palais)..*L. cyanopterus*

    - **FF** Plaque de dents vomériennes en forme de flèche :

      - **G** Longueur de la pectorale à peu près égale à la distance entre le bout du museau et le bord supérieur du préopercule........................*L. griseus*

      - **GG** Longueur de la pectorale supérieure à la distance entre le bout du museau et le bord supérieur du préopercule :

        - **H** 5 ou 6 écailles entre l'origine antérieure de la dorsale et la ligne latérale........................*L. apodus*

        - **HH** 8 à 11 écailles entre l'origine antérieure de la dorsale et la ligne latérale...................*L. jocu*

PAGRE DISPO

Lutjanus cyanopterus
(Cuvier et Valenciennes, 1828)
Cubera Snapper

Guadeloupe

Taille : 0,90 m - 1,50 m
Poids : 14 kg - 50 kg
Profondeur : 18 - 54 m

Très semblable à *L. griseus* (cf clé). Se distingue par un museau plus large et arrondi, de grosses lèvres et des canines très apparentes.
Sa taille peut être souvent, à elle seule, un caractère de détermination.
Apparaît uniformément gris sous l'eau.
Peu commun et relativement craintif. On pourra l'apercevoir sur fonds rocheux, souvent en eaux agitées et troubles.

PAGRE GRIS *(G)*
SARDE GRISE *(M)*

Lutjanus griseus
(Linné, 1758)
Gray Snapper
Mangrove Snapper
Pagre mulâtresse

Martinique

Taille : 35 cm - 60 cm
Poids : 1 kg - 4 kg
Profondeur : 0,60 - 18 m

Caudale à bord rectiligne.
Apparaît uniformément gris sous l'eau avec parfois une légère traînée sombre depuis le museau jusqu'à l'arrière de la tête, en passant sur l'oeil. Une fois pêché, prend une couleur rose rougeâtre.
Rencontré dans divers milieux : récifs, mangroves et embouchures de rivières.

PAGRE JAUNE *(G)* SARDE JAUNE *(M)*

Lutjanus apodus
(Walbaum, 1792)
Schoolmaster
Maître d'école

Bonaire

Taille : 25 cm - 60 cm
Poids : 0,5 kg - 3 kg
Profondeur : 3 - 24 m

Même allure générale que *L. griseus*, mais en plus trapu.
Les barres transversales diffuses plus claires peuvent devenir à peine visibles ou absentes chez les gros spécimens. Une ligne bleue sur la joue, souvent en pointillé. Jamais de marque blanche sous l'oeil. Toutes les nageoires sont franchement jaunes, spécialement en observation sous-marine.
Le Pagre le plus commun aux Antilles. Immobile devant un banc de Pagres jaunes, on peut les voir s'approcher franchement de face et effectuer un demi-tour rapide à courte distance. Les gros Pagres jaunes sont souvent écartés de la consommation en raison du risque de ciguatera.

PAGRE DENTS DE CHIEN *(G)* SARDE DENTS DE CHIEN *(M)*

Lutjanus jocu
(Bloch et Schneider, 1801)
Dog Snapper
Zié Pleuré
Pagre fine

Saba

Taille : 35 cm - 75 cm
Poids : 1 kg - 9 kg
Profondeur : 9 - 30 m

Ressemble beaucoup à *L. apodus*, avec un dos un peu plus élevé (en relation avec le décompte d'écailles indiqué dans la clé). Se distingue aussi par un triangle blanc juste sous l'oeil, un peu comme une grosse larme (cette marque peut être absente chez les jeunes). Sur la joue, une ligne bleue, continue chez le jeune, discontinue chez l'adulte et dont il ne reste que quelques points espacés chez les gros spécimens.
Même comportement que *L. apodus*. Les deux espèces sont d'ailleurs souvent mélangées dans un même banc (cf. annexe p. 196).

PAGRE VIVANEAU *(G)* SORBE *(M)*

Lutjanus analis
(Cuvier et Valenciennes, 1828)
Mutton Snapper
Sarde rose

Taille : 40 cm - 75 cm
Poids : 1 kg - 12 kg
Profondeur : 1,50 - 18 m

Guadeloupe

Caudale nettement concave. Anale anguleuse. Très petites dents (pas de grandes canines comme chez les autres Pagres).
Un petit point noir sur le dos, juste au-dessus de la ligne latérale. Quelques lignes bleues sous l'oeil. Nageoires rougeâtres.
Souvent solitaire, sur fonds coralliens ou herbeux. Parfois curieux, ne s'approche du plongeur qu'une seule fois avant de s'éloigner.

PAGRE WAYACK *(G)* SARDE BON DIEU *(M)*

Lutjanus synagris
(Linné, 1758)
Lane Snapper
Vivaneau gazou
Pariette, Paguette
Bon dieu mer
Brakou

Taille : 30 cm - 35 cm
Profondeur : 1,50 - 40 m

St Barthélémy

Petit Pagre rose saumoné avec des stries longitudinales jaunes. Une tache noire diffuse au-dessus de la ligne latérale.
Vit en bancs aussi bien près des massifs coralliens que sur des fonds vaseux en eau trouble. Assez distant dans son comportement.

PAGRE MAHOGANI

Lutjanus mahogani
(Cuvier et Valenciennes, 1828)
Mahogany Snapper
Jacques Questel
Pagre zéclair

Bonaire

Taille : 25 cm - 37 cm
Profondeur : 6 - 18 m

Semblable à *L. synagris.*
Différent surtout par la position de la tache noire qui est traversée par la ligne latérale. Corps de couleur pâle argentée avec les extrémités d'une élégante teinte acajou.
Rencontré sur des fonds coralliens, il est plutôt craintif, fuyant rapidement.

COLAS *(G)*
SARDE
QUEUE JAUNE *(M)*

Ocyurus chrysurus
(Bloch, 1791)
Yellowtail Snapper
Vivaneau queue jaune

Saba

Taille : 30 cm - 75 cm
Poids : 0,5 kg - 3 kg
Profondeur : 3 - 18 m

Caudale nettement fourchue.
Facile à reconnaître avec sa bande jaune depuis le bout du museau jusqu'au pédoncule caudal. Ne doit pas être confondu avec le Barbarin blanc qui a aussi une bande jaune mais appartient à la Famille des Mullidés.
Les Colas vivent en bancs, souvent en pleine eau pour les plus jeunes qui se nourrissent de plancton, mais aussi près du fond pour les adultes qui consomment poissons et crustacés.

FAMILLE DES HÆMULIDÉS

(Grogneurs)

Les Hæmulidés ressemblent beaucoup aux Lutjanidés. Leurs caractères particuliers résident dans leur bouche : la mâchoire supérieure est proéminente (c'est souvent l'inverse chez les Lutjanidés) ; les dents sont pointues mais petites, et jamais de vraies canines comme chez les Pagres. Les colorations des Hæmulidés sont dominées par le gris, le jaune et le bleu ; l'intérieur de la bouche est souvent rouge orangé.

Les jeunes se nourrissent essentiellement de plancton, souvent dans les prairies sous-marines. Les adultes consomment également du plancton, mais aussi des invertébrés capturés sur le fond. Ils sont capables d'émettre des grognements en frottant les unes contre les autres leurs dents pharyngiennes. La vessie natatoire amplifie ces bruits, qui sont familiers à tous les plongeurs sous-marins, et leur ont valu le surnom de "Grogneurs" ou "Gorettes" (petits cochons) aux Antilles. On a pu parfois observer un comportement particulier appelé "baiser des Grogneurs" : deux poissons se rapprochent face à face, bouche ouverte et pressent leurs lèvres l'une contre l'autre, une attitude que certains auteurs interprètent comme une lutte nuptiale.

Famille majeure des poissons de récifs, les Hæmulidés sont abondamment représentés aussi bien en nombre d'espèces qu'en population. On distingue assez facilement les différentes espèces par leurs motifs colorés.

Bien que propres à la consommation sans hésitation, parfois vendus sur les marchés, ils ne semblent pas très estimés.

GORETTE DORÉE

Hæmulon aurolineatum
Cuvier et Valenciennes, 1830
Tomtate
Kia-kia
Scie

Taille : 15 cm - 23 cm
Profondeur : 1 - 22 m

Guadeloupe

Petit poisson gris argenté avec une ligne jaune dorée, longitudinale, qui se termine dans une tache noire à la base de la caudale. Une autre ligne dorée plus fine au-dessus de la ligne latérale.
Très communes, les Gorettes dorées se déplacent en bancs, près des récifs.

GORETTE OR-ARGENT

Hæmulon chrysargyreum
Günther, 1859
Smallmouth Grunt
Kia-kia rélé
Gorette petite-gueule
Scie

Taille : 15 cm - 23 cm
Profondeur : 2 m - 15 m

Guadeloupe

Petit poisson présentant des rayures longitudinales rectilignes et parallèles où l'or alterne avec l'argent. Les nageoires sont jaunes.
Très communes, les Gorettes or-argent forment souvent des bancs importants et compacts, même à petite profondeur dans les passes entre les gros massifs coralliens.

GORETTE GRISE

Hæmulon parra
(Desmarest, 1823)
Sailor's Choice

Taille : 25 cm - 40 cm
Profondeur : 3 - 18 m

Les Saintes

Poisson de taille moyenne présentant un dos arrondi, régulièrement convexe.
Uniformément gris argenté avec simplement les bords des écailles plus sombres et donc un vague moucheté surtout en partie supérieure du corps. Nageoires noirâtres.
Rencontré ça et là, sur fonds d'éboulis rocheux.

GORETTE JAUNE

Hæmulon flavolineatum
(Desmarest, 1823)
French Grunt
Croco jaune
Scie

Taille : 18 cm - 30 cm
Profondeur : 4 - 18 m

Guadeloupe

Petit poisson fusiforme, présentant une courbe supérieure un peu plus convexe.
Bleu argenté avec un réseau de lignes jaunes sinueuses sur la tête et le corps. Les nageoires sont jaunes.
Très communes, les Gorettes jaunes se déplacent en bancs, même à petite profondeur, sur des fonds riches en construction corallienne.

GORETTE QUEUE NOIRE

Hæmulon melanurum
(Linné, 1758)
Cottonwick
Gorette tac-tac
Gorette blanche
Gorette grise

Taille : 18 cm - 32 cm
Profondeur : 3 - 15 m

LT = 21 cm

St Barthélémy

Petit poisson fusiforme, présentant une courbe supérieure un peu plus convexe.
A noter surtout, sur la dorsale, une bande noire qui se prolonge jusqu'au pédoncule caudal où elle se divise dans les deux lobes caudaux, en forme de Y.
Peu commune et assez craintive.

GORETTE ESPAGNOLE

Hæmulon macrostomum
Günther, 1859
Spanish Grunt
Gorette grande gueule

Iles Vierges

Taille : 30 cm - 42 cm
Profondeur : 4 - 18 m

Gorette à bouche large, la commissure atteignant la verticale de l'oeil.
Rayures noires longitudinales sur le dos. Une tache jaune brillante "en selle" sur le pédoncule caudal. Nageoires dorsale et pectorales jaunes.
Peu commune.

GORETTE CHARBONNÉE

Hæmulon carbonarium
Poey, 1860
Caesar Grunt

Guadeloupe

Taille : 25 cm - 35 cm
Profondeur : 3 - 15 m

Gorette à dos élevé et arrondi.
Quelques rayures longitudinales de couleur bronze ou marron plus ou moins foncé.
Museau et nageoires noirâtres.
Assez communes, les Gorettes charbonnées sont souvent regroupées et cachées sous des surplombs.

GORETTE BLANCHE

Hæmulon plumieri
(Lacépède, 1802)
White Grunt
Gueule rouge

Guadeloupe

Taille : 25 cm - 40 cm
Profondeur : 3 - 12 m

Gorette à dos élevé et arrondi.
Gris jaunâtre avec des rayures bleues sinueuses seulement sur la tête.
Sur le reste du corps des points brillants semblent suggérer de vagues lignes courbes.
Assez commune, plutôt isolée mais généralement pas disposée à se laisser approcher.

GORETTE BLEUE

Hæmulon sciurus
(Shaw, 1803)
Bluestriped Grunt
Grogneur-écureuil
Gorette catire
Gueule rouge

Saba

Taille : 25 cm - 45 cm
Profondeur : 3 - 15 m

Gorette à dos élevé et arrondi.
Semblable à *H. plumieri*, mais c'est l'ensemble du corps qui est parcouru de lignes bleues sinueuses sur un fond jaune brillant. Caudale noire bordée par une marge plus claire.
Assez communes, parfois regroupées en banc, les Gorettes bleues sont moins timides que celles de l'espèce précédente.

St Eustache

SARDE BLANCHE

Hæmulon album
Cuvier et Valenciennes, 1830
Margate

Taille : 45 cm - 60 cm
Poids : 1,5 kg - 4 kg
Profondeur : 2 - 15 m

Poisson à dos assez élevé avec un oeil relativement petit.
Le plus souvent argenté mat avec des nageoires grises ou noirâtres. Dans certaines phases, présence de rayures longitudinales sombres.
Rencontré aussi bien près des récifs que sur des fonds sableux où il fouille les sédiments à la recherche d'invertébrés.
La plus grosse espèce du Genre *Hæmulon.*

Guadeloupe

LIPPU

Anisotremus surinamensis
(Bloch, 1791)
Black Margate
Gueule Camille

Taille : 40 cm - 60 cm
Poids : 1,5 kg - 4 kg
Profondeur : 3 - 18 m

Egalement un poisson à dos élevé avec un front franchement convexe. Lèvres charnues.
Zone noirâtre aux alentours de la pectorale.
Se nourrit de toutes sortes d'invertébrés benthiques et particulièrement d'oursins, y compris les oursins diadèmes aux longues épines noires.
Assez commun, isolé ou en petit groupe dans les crevasses ou les trous.

GORETTE DES VIERGES

Anisotremus virginicus
(Linné, 1758)
Porkfish

Iles Vierges

Taille : 25 cm - 30 cm
Profondeur : 3 - 18 m

Poisson à dos élevé avec un front franchement convexe. Semblable dans sa forme à *A. surinamensis*, mais facile à reconnaître par son admirable assemblage de couleurs. Solitaire ou en bancs parfois importants. Les jeunes jouent le rôle de nettoyeurs de parasites externes sur d'autres poissons. Les adultes se nourrissent d'invertébrés.
Rencontré ça et là, semble plus commun aux Iles Vierges.

FAMILLE DES SPARIDÉS

Les Sparidés ont le corps comprimé latéralement et un dos élevé. La tête est importante avec une petite bouche aux mâchoires puissantes garnies d'incisives ou de molaires suivant le régime alimentaire.

On peut les rencontrer sur toutes sortes de fonds sous-marins mais ils se laissent difficilement approcher. Les espèces du genre *Calamus* se nourrissent d'invertébrés même très coriaces, tels que crabes, oursins, coquillages, grâce à leurs robustes molaires.

Tout comme leurs parents d'Europe (Sars, Pageots ou Daurades), les Sparidés des Antilles sont comestibles et appréciés.

CLÉ DE DÉTERMINATION DES ESPÈCES DU GENRE *CALAMUS*

A Deux bandes blanches horizontales sur la joue ; espèce de grande taille, jusqu'à 60 cm............................. *C. bajonado*

AA Pas de bandes blanches sur la joue ; espèces de petite taille (35 cm maximum) :

B 11 rayons anaux souples ; joue bleue à points jaunes.. *C. calamus*

BB 10 rayons anaux souples ; joue bleue parcourue de lignes cuivrées sinueuses................................*C. pennatula*

DAUBENET LOTO

LT = 25 cm St Barthélémy

Calamus calamus
(Cuvier et Valenciennes, 1830)
Saucereye Porgy
Rond-dos
Parapèle
Femme
Sarde à plumes

Taille : 25 cm - 35 cm
Profondeur : 1 - 21 m

Poisson présentant un front particulièrement vertical avec un tubercule préfrontal (entre les yeux) bien développé. Joue bleue avec des points jaunes.
Généralement isolé.
Assez commun.

DAUBENET PLUME

LT = 30 cm Guadeloupe

Calamus pennatula
Guichenot, 1868
Pluma
Rond-dos
Parapèle
Sarde à plumes

Taille : 25 cm - 35 cm
Profondeur : 0,90 - 83 m

Très semblable à *C. calamus*, mais le front est moins abrupt et le tubercule préfrontal à peine visible.
Joue bleue parcourue de lignes cuivrées sinueuses. Une bande bleue pâle au-dessus de l'ouverture branchiale.
Généralement isolé.
Assez commun.

GUEULE FERRÉE

Calamus bajonado
(Bloch et Schneider, 1801)
Jolthead Porgy
Rond-dos
Gueule pavée
Daubenet trembleur
Sarde à plumes

Taille : 30 cm - 60 cm
Poids : 1 kg - 5 kg
Profondeur : 4 - 45 m

LT = 40 cm Guadeloupe

Front convexe, mais pas très abrupt. Tubercule préfrontal à peine visible.
Gris argenté avec des joues cuivrées marquées par deux bandes blanches horizontales. Coin de la bouche orange.
Souvent aperçu, solitaire, au-dessus des massifs coralliens, presque immobile mais gardant ses distances.
Assez commun.

RONDEAU DE PATURAGES

Archosargus rhomboidalis
(Linné, 1758)
Sea Bream

Taille : 20 cm - 32 cm
Profondeur : 0,30 - 10 m

LT = 21 cm Guadeloupe

Sparidé à petite tête, front incliné mais dos assez élevé et arrondi.
De couleur argentée avec des rayures jaunes et une tache noire remarquable juste en arrière de l'opercule, sous la ligne latérale.
Les jeunes vivent dans les mangroves, les adultes se nourrissent surtout dans les herbes des lagons mais peuvent être occasionnellement rencontrés près des récifs.

SAR PONCTUÉ

Diplodus caudimacula
(Poey, 1861)
Roundspot Porgy
Sar argenté

Iles Vierges

Taille : 20 cm - 30 cm
Profondeur : 0 - 12 m

Petit Sparidé de forme ovale à front incliné et museau relativement pointu.
Gros point noir sur le pédoncule caudal.
Fréquente les eaux peu profondes du littoral, souvent dans la zone de turbulence des côtes rocheuses.
Présent sur certains sites, non observé ailleurs.

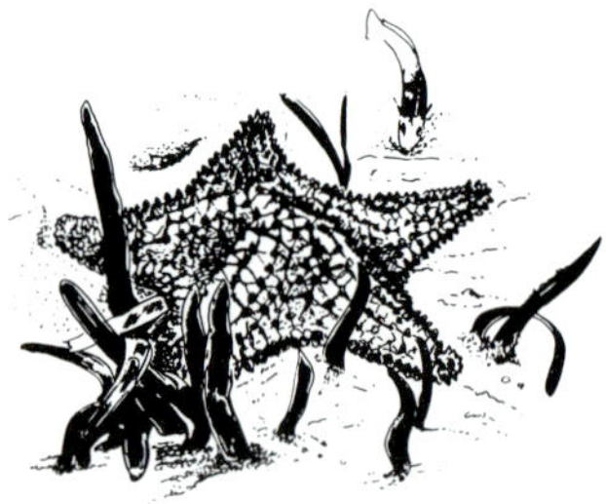

FAMILLE DES SCIÉNIDÉS

Les Sciénidés ont un corps comprimé latéralement, une tête relativement importante avec un menton pourvu de grands pores à mucus et souvent de barbillons.

La principale originalité des Sciénidés réside dans leur capacité à émettre d'étranges bruits de tambours ou de croassements. Les sons sont produits par la vibration de certains muscles insérés sur la vessie natatoire qui joue le rôle de caisse de résonance. Ces bruits sont familiers aux plongeurs au même titre que ceux émis par les Gorettes, les Langoustes et autres acteurs sonores du monde corallien.

Les Sciénidés sont des carnivores benthiques de toutes les mers tropicales ou tempérées, dont beaucoup d'espèces ont une importance commerciale. Les espèces présentes aux Antilles sont de jolis petits poissons discrets à rechercher pour le plaisir des yeux.

CHEVALIER LANCIER

Equetus lanceolatus
(Linné, 1758)
Jackknife Fish
Curé
Monsieur l'Abbé
Bourreau

Taille : 15 cm - 23 cm
Profondeur : 12 - 42 m

Grenadines

Poisson à l'allure élégante, avec sa nageoire dorsale longue et presque verticale.
Ressemble dans sa forme à *E. punctatus*, mais la première dorsale apparaît plus pointue à tous les stades.
Pas de taches blanches sur les nageoires.
Moins commun que les autres Sciénidés, généralement observé en couple à de plus grandes profondeurs.

CHEVALIER PONCTUÉ

Equetus punctatus
(Bloch et Schneider, 1801)
Spotted Drum
Curé
Monsieur l'Abbé
Colonel
Bourreau

Taille : 15 cm - 25 cm
Profondeur : 4 - 30 m

Guadeloupe

Deuxième dorsale, caudale et anale noires tachetées de points blancs.
Tout aussi élégant, le jeune arbore comme un étendard, une première dorsale démesurément allongée jusqu'à l'arrière de la caudale.
Un solitaire discret et nonchalant, observé dans toutes les zones où les empilements coralliens procurent de nombreuses cachettes.

Phase intermédiaire

Ste Lucie

Phase juvénile

Guadeloupe

DRAGONNET

Pareques acuminatus
(Bloch et Schneider, 1801)
Cubbyu
Curé
Monsieur l'Abbé
Bourreau

Taille : 12 cm - 22 cm
Profondeur : 4 - 91 m

Guadeloupe

DRAGONNET

Phase juvénile

Guadeloupe

Même morphologie que les espèces précédentes. Première dorsale plus courte et arrondie à son extrémité.
Marron noirâtre avec des rayures blanches longitudinales.
Souvent observés en groupe à l'ombre des surplombs rocheux.

COURBINE

Odontoscion dentex
(Cuvier et Valenciennes, 1830)
Reef Croaker
Coco

Guadeloupe

Taille : 15 cm - 25 cm
Profondeur : 4 - 24 m

De couleur bronze uniforme, avec une tache noire à l'insertion de la pectorale.
Très secret dans la journée, reste caché dans l'obscurité des crevasses.
Actif la nuit, se nourrit de petits poissons et crustacés.

FAMILLE DES MULLIDÉS

(Rougets)

Les Rougets ont tous, sous le menton, deux longs barbillons charnus utilisés à la fois comme organes tactiles et gustatifs, pour rechercher la nourriture sur le fond. La tête est relativement volumineuse avec un front abrupt. La bouche est protractile et en position ventrale, adaptée au fouissage dans les sédiments.

Ces Mullidés vivent en bancs, souvent importants, près des fonds sablonneux ou vaseux dans lesquels ils recherchent leur nourriture composée de petits invertébrés. Lorsqu'ils sont présents en grand nombre, on a souvent remarqué que leur activité était responsable d'une certaine turbidité de l'eau au voisinage du fond.

Comme partout dans le monde, les Rougets, appelés Barbarins ou Souris aux Antilles, fournissent une chair à la saveur particulière, appréciée par beaucoup de consommateurs.

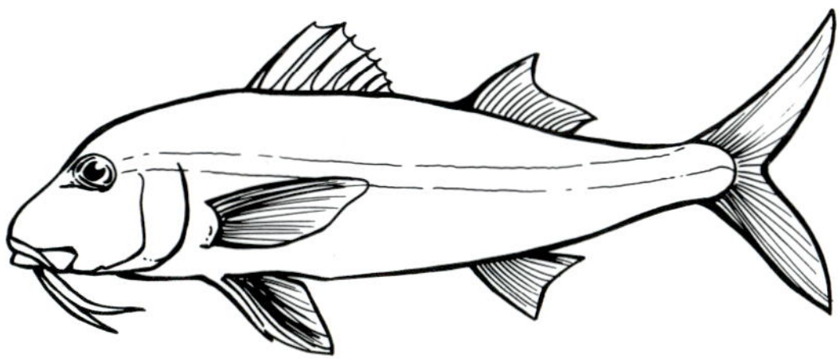

BARBARIN BLANC *(G)*
SOURIS BLANCHE *(M)*

Mulloidichthys martinicus
(Cuvier et Valenciennes, 1829)

Yellow Goatfish

Capucin jaune
Rouget de roche
Rouget queue jaune

Taille : 30 cm - 38 cm
Profondeur : 1,50 - 60 m

Saba

Capable de se nuancer en fonction de l'environnement, mais la ligne jaune longitudinale est constante (ne doit pas entraîner de confusion avec le Colas dont la forme et les moeurs sont différentes).
Très commun au voisinage d'espaces sablonneux.

BARBARIN ROUGE *(G)*
SOURIS ROUGE *(M)*

Pseudupeneus maculatus
(Bloch, 1793)

Spotted Goatfish

Rouget tacheté

Guadeloupe

Taille : 25 cm - 28 cm
Profondeur : 1,50 - 18 m

Semblable à *M. martinicus*, se distingue par un museau plus allongé et des colorations différentes, très changeantes.
Deux constantes toutefois : la série de trois taches sombres alignées sur le dos et les lignes bleues en diagonale sur la tête.
Très commun au voisinage d'espaces sablonneux.

FAMILLE DES PEMPHÉRIDÉS

Cette petite Famille de poissons tropicaux ne comporte que quelques espèces. Le corps est très aplati latéralement et, vu de profil, présente une forme caractéristique "en hachette" dont la queue serait le manche. La tête volumineuse comporte de gros yeux et une bouche dirigée vers le haut. Une seule espèce est couramment observée aux Antilles.

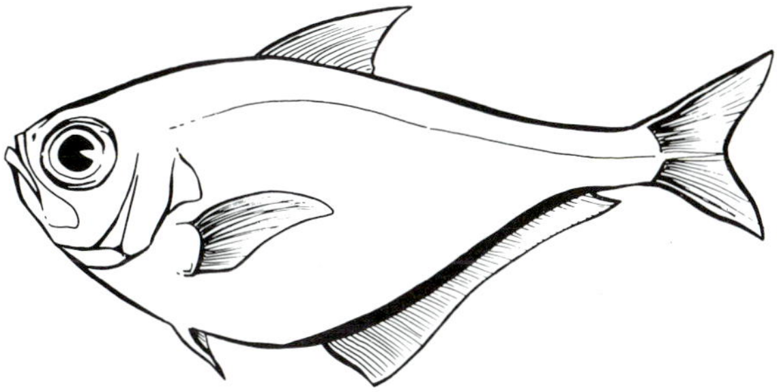

HACHETTE CUIVRÉE

Pempheris schomburgki
Müller et Troschel, 1848
Copper Sweeper
Glassy Sweeper

Taille : 10 cm - 15 cm
Profondeur : 4 - 24 m

Guadeloupe

Forme caractéristique en hachette. Couleur cuivrée avec une ligne noire le long de l'insertion de la nageoire anale.
Pendant la journée les Hachettes sont regroupées en bancs souvent importants à l'intérieur des grottes où l'on peut admirer leurs magnifiques reflets cuivrés. Elles sortent la nuit à la recherche de leur nourriture composée de zooplancton.

FAMILLE DES KYPHOSIDÉS

Les Kyphosidés ont un corps de forme ovale avec une petite tête et une caudale fourchue.

Pourvus seulement d'incisives, ce sont de purs végétariens vivant près des côtes audessus des rochers et des coraux, mais aussi dans les Fucus de la mer des Sargasses. On dit qu'ils accompagnent les bateaux en groupes.

On les rencontre fréquemment au voisinage des massifs coralliens, en bancs assez importants, rapides et agités en tous sens.

Leur chair est comestible, mais imprégnée d'une odeur assez forte, généralement peu appréciée.

AGOUTI *(G)*
MORPION *(M)*
Kyphosus sectatrix
(Linné, 1758)
Bermuda Chub
Petite gueule
Faux pilote
Kalikagou

Taille : 30 cm - 75 cm
Profondeur : 6 - 24 m

Les Saintes

Corps en ballon de rugby avec une bouche relativement petite.
Couleur variable, avec toujours une dominante de gris terne. Rayures jaunâtres longitudinales. Quelquefois des taches blanches disséminées sur tout le corps.
Assez commun.

FAMILLE DES ÉPHIPPIDIDÉS

Les Éphippididés sont des poissons au corps élevé, très aplati latéralement. Leurs longues nageoires dorsale et anale accentuent leur haute silhouette et contribuent à la grâce de leurs évolutions.

Ils vivent en bancs souvent importants, et sont représentés par plusieurs espèces dans toutes les mers tropicales.

Une seule espèce représente la Famille dans la zone Caraïbe : le Platax.

PLATAX

Chætodipterus faber
(Broussonet, 1782)
Spadefish
Poisson-bêche
Lune

Marie-Galante

Taille : 40 cm - 90 cm
Poids : 2 kg - 10 kg
Profondeur : 3 - 21 m

Poisson remarquable par sa forme caractéristique de la Famille.
De couleur grise avec des bandes noires verticales. Jeunes complètement noirs.
Vivant en bancs près du fond, se nourrissent d'éponges, gorgones, algues ou plancton.
Des poissons gracieux qui se laissent volontiers approcher et observer, si l'on se déplace calmement.
Présents en abondance sur certains sites, non observés ailleurs.

FAMILLE DES CHÆTODONTIDÉS

(Poissons-papillons)

Les Poissons-papillons sont de petite taille avec un corps fortement comprimé latéralement. Leurs belles couleurs et leurs mouvements rapides ont évoqué ainsi des ailes de papillons. La bouche est petite et protractile, placée à l'extrémité d'un museau plus ou moins allongé.

Les Poissons-papillons sont parfois solitaires mais le plus souvent observés par paires. Ils vivent au milieu des coraux et se nourrissent essentiellement de polypes coralliens qu'ils extirpent à l'aide de leur museau allongé, et éventuellement d'autres petits invertébrés.

Magnifiquement colorés, ils peuvent arborer des nuances différentes entre le jour et la nuit.

PAPILLON PINOCCHIO

Chætodon aculeatus
(Poey, 1860)
Longsnout Butterflyfish

Taille : 6 cm - 8 cm
Profondeur : 9 - 60 m

Guadeloupe

Remarquable par son long museau pointu avec lequel il peut fouiller dans les crevasses des coraux ou entre les épines d'oursins.
D'une ravissante couleur ambrée avec la dorsale noire et le ventre blanc.
Rencontré le plus souvent à grande profondeur, (à partir d'une trentaine de mètres).
Parfois classé dans le Genre *Prognathodes*.

PAPILLON PYJAMA

Chætodon striatus
Linné, 1758
Banded Butterflyfish
Petite lune
Papillon rayé

Guadeloupe

Taille : 12 cm - 15 cm
Profondeur : 3 - 18 m

PAPILLON PYJAMA

Phase juvénile

Guadeloupe

Poisson de forme caractéristique en aile de papillon.
Rayé de blanc et noir verticalement.
Nageoires noires
Très communs, les Papillons-pyjamas sont souvent observés en couples, dans toutes les zones riches en constructions coralliennes.

PAPILLON KAT ZIÉ

Chætodon capistratus
Linné, 1758
Foureye Butterflyfish
Petite lune

Guadeloupe

Taille : 10 cm - 14 cm
Profondeur : 3 - 18 m

On notera surtout la grosse tache noire, cerclée de blanc, à l'arrière du corps, en forme de gros oeil. Ainsi on a supposé que ce faux oeil pourrait perturber le discernement d'éventuels prédateurs. La nuit deux larges bandes foncées peuvent apparaître sur le flanc.
Le plus commun des Poissons-papillons, souvent dans des eaux peu profondes, en zones strictement coralliennes.

PAPILLON OCELLÉ

Chætodon ocellatus
Bloch, 1787
Spotfin Butterflyfish

Guadeloupe

Taille : 12 cm - 18 cm
Profondeur : 3 - 18 m

Remarquable par ses nageoires jaune vif et un petit point noir à l'angle de la dorsale.
La nuit, une grosse tache noire apparaît sur l'arrière de la nageoire dorsale, ainsi qu'une ombre brune en travers du corps.
Semble moins commun que les précédents, mais particulièrement élégant ; à rechercher dans les paysages mixtes de coraux et gorgones.

PAPILLON SÉDENTAIRE

Chætodon sedentarius
Poey, 1860
Reef Butterflyfish
Petite lune

St Barthélémy

Taille : 12 cm - 14 cm
Profondeur : 6 - 40 m

De forme générale s'inscrivant dans un rectangle.
Une bande noire en travers de la tête et une autre bande noire verticale à l'arrière du corps.
Rencontré à plus grande profondeur que les autres *Chætodons*, souvent dans les épaves.

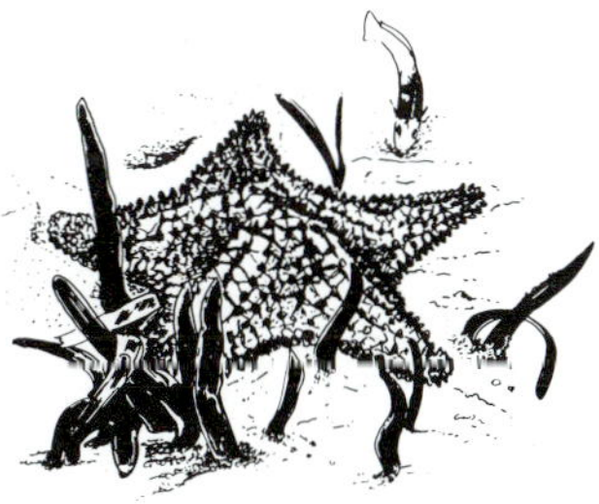

FAMILLE DES POMACANTHIDÉS

(Poissons-anges)

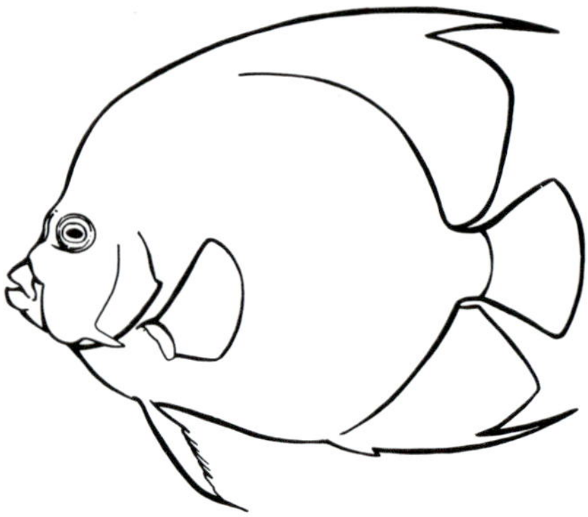

Bien qu'ils ressemblent, dans leur allure générale, aux Poissons-papillons, les Poissons-anges sont souvent d'un plus grand format, et différents par certaines caractéristiques dont la présence d'une importante épine à l'angle postérieur du préopercule.

Les Poissons-anges, par la beauté de leurs couleurs et la grâce de leurs déplacements, suscitent évidemment l'admiration des plongeurs et aquariophiles.

Les adultes se nourrissent principalement d'éponges et d'algues.

Les formes juvéniles de *Pomacanthus* et *Holacanthus*, colorées différemment des adultes, consomment essentiellement des algues mais peuvent aussi se comporter comme des nettoyeurs d'ectoparasites sur d'autres poissons.

Susceptibles d'atteindre de grandes tailles, ces poissons sont parfois pêchés et consommés sous le nom vernaculaire de Platine ou Portugais.

ANGE CHÉRUBIN

Centropyge argi
Woods et Kanazawa, 1951
Cherubfish
Pygmy Angelfish

Taille : 5 cm - 7 cm
Profondeur : 9 - 106 m

Marie-Galante

Sa petite taille pourrait le faire passer pour une Demoiselle (Pomacentridés), mais c'est bien un Poisson-ange en miniature.
En observation rapprochée, on admirera le contraste entre sa tête jaune et son corps bleu roi.
Assez rare. Rencontré sur des fonds de débris coralliens.

ANGE GRIS

Pomacanthus arcuatus
(Linné, 1758)
Gray Angelfish
Platine
Portugais gris

Taille : 30 cm - 45 cm
Poids : 0,5 kg - 3 kg
Profondeur : 3 - 24 m

Guadeloupe

ANGE GRIS

Phase intermédiaire

Les Saintes

Caudale à bord rectiligne.
Pectorale à face interne jaune.
Les jeunes sont noirs avec des rayures jaunes verticales.
En phase intermédiaire, alors que la couleur grise apparaît, les rayures deviennent blanches puis disparaissent. La dernière rayure à s'estomper, juste en arrière de la pectorale, est encore visible sur des individus d'environ 25 cm.
Peu commun mais assez enclin à venir se faire admirer de près, si le plongeur limite ses mouvements. A rechercher dans des paysages mixtes de coraux durs et de gorgones arborescentes.

ANGE FRANÇAIS

Pomacanthus paru
(Bloch, 1787)
French Angelfish
Platine
Portugais noir

Taille : 30 cm - 40 cm
Poids : 0,5 kg - 2,5 kg
Profondeur : 4 - 24 m

Bonaire

De forme semblable à *P. arcuatus* mais caudale à bord arrondi à tous les stades (rectiligne chez l'Ange gris).

Les jeunes ont les mêmes couleurs que ceux de *P. arcuatus*, mais dans les formes intermédiaires, les barres verticales restent jaunes jusqu'à disparaître.

Assez commun, élégant et facile à approcher.

Les jeunes évoluent sur des fonds mixtes de corail et de sable, même à faible profondeur dans des lagons fermés.
Les adultes se rencontrent sur tous les fonds rocheux et coralliens.

Guadeloupe

Phase intermédiaire

Guadeloupe

Phase juvénile

ANGE DES CARAÏBES

Holacanthus tricolor
(Bloch, 1795)
Rock Beauty
Suédois
Casseau
Poisson-duc
Caca poule

Taille : 15 cm - 30 cm
Poids : 400 g - 600 g
Profondeur : 3 - 24 m

Guadeloupe

ANGE DES CARAÏBES

Phase juvénile

Guadeloupe

Ce joli Poisson-ange est caractéristique par ses couleurs.
Le jeune, d'une taille de 2,5 cm environ, est complètement jaune avec seulement une tache noire liserée de bleu. Au cours de la croissance, cette tache noire envahit la plus grande partie du corps jusqu'à l'aspect adulte.
Le plus commun du Genre *Holacanthus,* rencontré sur des fonds strictement coralliens.

ANGE ROYAL

Holacanthus ciliaris
(Linné, 1758)
Queen Angelfish
Suédois

Taille : 25 cm - 40 cm
Poids : 0,5 kg - 2 kg
Profondeur : 6 - 24 m

Les Saintes

ANGE ROYAL

Phase juvénile

Guadeloupe

Sans doute une des plus belles rencontres que l'on puisse faire, en plongée, dans les Caraïbes. Parmi le magnifique assortiment de vives couleurs, on notera la couronne bleue sur le front des adultes.
Très élégant et gracieux mais souvent distant dans son comportement.
A approcher avec délicatesse et discrétion.
Commun sur certains sites, près des tombants, non observé ailleurs.

FAMILLE DES POMACENTRIDÉS

(Demoiselles)

Les Demoiselles sont de petits poissons au corps court et comprimé latéralement. La bouche est petite. La principale caractéristique de la Famille est la présence d'une seule paire de narines (2 paires dans les autres groupes). Leur régime alimentaire est très variable suivant les Genres.

Les plongeurs connaissent bien les Demoiselles pour leur combativité, comportement qui est lié à leur fonction reproductrice. Les oeufs sont pondus et fixés sur une surface rocheuse où ils forment une large plaque violacée, puis sont âprement gardés par le mâle qui n'hésite pas à foncer sur tout intrus, quelle que soit sa taille. On peut ainsi voir ces petits poissons mettre en fuite de gros Labres ou gros Perroquets et même harceler et mordiller les plongeurs qui passent à proximité.

Les différentes espèces du Genre *Stegastes* ne sont faciles à distinguer que dans leurs livrées juvéniles. A l'état adulte elles adoptent toutes une couleur noire plus ou moins uniforme. Leur détermination recourt alors à de fins critères morphologiques inutilisables en observation sous-marine (cf ouvrages spécialisés en bibliographie). Toutes ces formes adultes sont usuellement confondues sous le terme de Demoiselle noire, Ti-nègre, ou Sorcière.

DEMOISELLE NOIRE

Stegastes diencæus
(Cuvier et Valenciennes, 1830)
Longfin Damselfish
Honey Damselfish
Ti-nègre

Phase juvénile

Taille : 8 cm - 13 cm
Profondeur : 4 - 24 m

Guadeloupe

Adulte noirâtre présentant des nageoires dorsale et anale allongées et effilées, dépassant largement la base de la caudale.
La forme juvénile, jaune, est en revanche bien typée avec ses lignes bleues brillantes sur le front.
Omnivore.
Très commune sur tous types de fonds coralliens.

DEMOISELLE SOMBRE

Stegastes dorsopunicans
(Poey, 1867)
Dusky Damselfish
Ti-nègre

Guadeloupe

Taille : 10 cm - 15 cm
Profondeur : 1,50 - 12 m

DEMOISELLE SOMBRE

Phase juvénile

Guadeloupe

Adulte noirâtre, très semblable à *S. diencæus*, mais présentant des nageoires dorsale et anale arrondies et peu prolongées en arrière.
Jeune, remarquable surtout par sa calotte orange sur la nuque.
Omnivore, mais consomme surtout des algues ou des débris animaux.
Très commune sur tous les fonds coralliens.

DEMOISELLE TROIS POINTS

Stegastes planifrons
(Cuvier et Valenciennes, 1830)
Yellow Damselfish
Threespot Damselfish
Ti-nègre

Taille : 8 cm - 13 cm
Profondeur : 0 - 51 m

Guadeloupe

DEMOISELLE TROIS POINTS

Phase juvénile

Guadeloupe

Jeune, ce poisson a une belle couleur jaune vif avec trois points noirs.
Chez l'adulte, disparition du gros point noir dorsal, et persistance d'un petit croissant doré au-dcssus dc l'ocil.
Omnivore.
Très commune sur tous les fonds coralliens.

DEMOISELLE CACAO

Stegastes variabilis
(Castelnau, 1855)
Cocoa Damselfish
Ti-nègre

Taille : 7 cm - 10 cm
Profondeur : 4 - 18 m

LT = 11 cm

Guadeloupe

DEMOISELLE CACAO

Phase juvénile

Guadeloupe

Adulte ressemblant à *S. planifrons*, mais le ventre reste plus franchement jaunâtre. Jeune nettement bicolore, le dos bleu, le ventre jaune, avec un point noir sur le pédoncule caudal.
Omnivore.
Très commune sur tous les fonds coralliens.

BEAU GRÉGOIRE

Stegastes leucostictus
(Müller et Troschel, 1848)
Beau Gregory
Demoiselle
Ti-nègre

Taille : 7 cm - 10 cm
Profondeur : 0,90 - 10 m

Guadeloupe

BEAU GRÉGOIRE

Phase juvénile

Guadeloupe

Silhouette moins trapue que les autres *Stegastes.*
Jeune nettement bicolore, dos bleu et ventre jaune, ressemblant à *S. variabilis* mais sans le point noir sur le pédoncule caudal.
Adulte noirâtre conservant d'imperceptibles rangées de pointillés bleus en partie antérieure du corps.
Omnivore. Fréquente les eaux peu profondes y compris sur des fonds sablonneux.

DEMOISELLE BICOLORE

Stegastes partitus
(Poey, 1867)
Bicolor Damselfish
Caca merle

Guadeloupe

Taille : 6 cm - 10 cm
Profondeur : 6 - 24 m

Se distingue de toutes les autres Demoiselles par sa démarcation entre une partie antérieure noire et une partie postérieure pâle.
Omnivore. Souvent abondant dans très peu d'eau et même dans les flaques du littoral.

CASTAGNOLE BLEUE

Chromis cyanea
(Poey, 1860)
Blue Chromis

Los Roques

Taille : 8 cm - 13 cm
Profondeur : 10 - 24 m

Petit poisson bleu à la queue fourchue.
Les Castagnoles bleues vivent en bancs, souvent en pleine eau, au-dessus des récifs où elles se nourrissent de zooplancton.
Très commune.

CASTAGNOLE GRISE

Chromis multilineata
(Guichenot, 1853)
Yellow-Edge Chromis

Guadeloupe

Taille : 10 cm - 15 cm
Profondeur : 10 - 24 m

Petit poisson gris à la queue fourchue. Les Castagnoles grises vivent en bancs, souvent en pleine eau, au-dessus des récifs où elles se nourrissent de zooplancton.
Très commune.

CASTAGNOLE SOLEIL

Chromis insolatus

Sunshinefish

Marie-Galante

Taille : 6 cm - 10 cm
Profondeur : 15 - 54 m

Semblable aux autres Castagnoles, mais les lobes caudaux sont plus arrondis.
A tous les stades on remarquera un sourcil bleu irisé.
Les formes juvéniles se distinguent par une cape jaune brillante.
Plus profond que les précédentes.
Peu commune.

SERGENT-MAJOR

Abudefduf saxatilis
(Linné, 1758)
Sergeant Major
Demoiselle
Chauffé-soleil

Guadeloupe

Taille : 12 cm - 18 cm
Profondeur : 0,30 - 12 m

Très caractéristique avec ses bandes verticales noires sur fond jaune.
Peut aussi adopter une phase sombre où l'ensemble du corps est gris foncé, les bandes noires devenant alors moins distinctes. Cette phase ne doit pas être confondue avec *A. taurus.*
Très éclectique dans son régime. Se nourrit aussi bien en pleine eau (Zooplancton, petits poissons) que sur le fond (algues et invertébrés divers).
Ses pontes sont souvent bien visibles sous forme de plaques circulaires violacées sur les surfaces rocheuses.
Très commun.

SERGENT DE NUIT

Abudefduf taurus
(Müller et Troschel, 1848)
Night Sergeant
Demoiselle
Chauffé de nuit

LT = 13 cm
Guadeloupe

Taille : 15 cm - 20 cm
Profondeur : 0,30 - 4 m

Semblable à *A. saxatilis*, mais les bandes sombres verticales sont plus floues. En outre, le museau a une allure "bovine" (*taurus*) : nettement bombé entre l'oeil et la lèvre supérieure qui est proéminente. Bouche située nettement en dessous de l'oeil alors qu'elle se trouve au niveau du bord inférieur de l'oeil chez *A. saxatilis.*
Enfin *A. taurus* vit essentiellement en eau peu profonde et agitée, souvent dans les turbulences des cayes où il se nourrit d'algues.
Très commun, mais souvent difficile à observer dans son habitat mouvementé.

DEMOISELLE QUEUE JAUNE

Microspathodon chrysurus
(Cuvier et Valenciennes, 1830)
Yellowtail Damselfish
Jewelfish
Chauffé queue jaune

Taille : 12 cm - 18 cm
Profondeur : 3 - 12 m

Guadeloupe

Adulte remarquable par sa nageoire caudale jaune.
Les jeunes, bleu nuit, constellés de points bleus clairs et lumineux, figurent parmi les plus jolis bijoux que l'on puisse admirer, souvent au voisinage des Coraux de feu (*Millepora*) ou des Cornes d'élan (*Acropora*).
Se nourrit d'algues, déchets organiques, mais aussi sur les polypes coralliens. Les jeunes peuvent être occasionnellement "nettoyeurs" d'ectoparasites.
Très commune.

Guadeloupe

Phase intermédiaire

Guadeloupe

Phase juvénile

FAMILLE DES CIRRHITIDÉS

Les Cirrhitidés constituent une petite Famille de poissons caractérisés essentiellement par la présence de touffes de cirres, filaments charnus fins et flexibles, implantés autour de la tête et de certaines nageoires.

Un seul représentant remarquable aux Antilles suffira à évoquer cette Famille : le Grimpeur des Caraïbes.

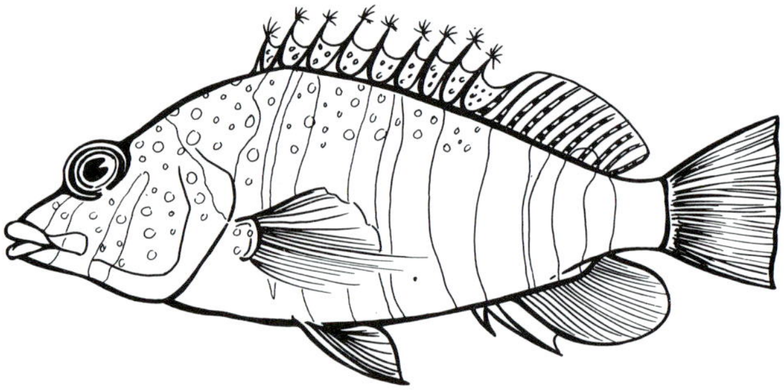

GRIMPEUR DES CARAÏBES

Amblycirrhitus pinos
(Mowbray, 1927)
Redspotted Hawkfish

Taille : 5 cm - 8 cm
Profondeur : 6 - 24 m

Guadeloupe

Petit poisson vivement coloré caractérisé par la touffe de cirres implantée près de l'extrémité de chaque rayon épineux de la dorsale. Les rayons pectoraux inférieurs sont indépendants et plus longs que la nageoire.
Surtout notable par ses petits points orange brillants.
Un très joli poisson, à découvrir par une observation attentive, souvent immobile, plaqué sur le rocher où il semble se maintenir grâce à ses rayons pectoraux.

FAMILLE DES MUGILIDÉS

(Mulets)

Les Mugilidés sont des poissons au corps allongé, fusiforme de section pratiquement circulaire. La tête est aplatie avec un museau arrondi et une bouche en forme de V renversé (vue de l'avant). Les dents sont minuscules, en relation avec le régime alimentaire composé de plancton, micro-organismes et détritus qui sont filtrés par aspiration de sédiments. On les rencontre plutôt dans les eaux saumâtres.

Cette seule espèce est couramment observée aux Antilles : le Mulet blanc.

MULET BLANC

Mugil curema
Cuvier et Valenciennes, 1836
White Mullet

Taille : 25 cm - 38 cm
Profondeur : 0 - 9 m

LT = 32 cm — Guadeloupe

Première nageoire dorsale épineuse, la deuxième souple et nettement séparée.
Dos très foncé bleuâtre à verdâtre et flancs argentés.
Les Mulets sont communs et parfois observés en bancs sur fonds sablonneux aux alentours des récifs.

FAMILLE DES SPHYRÉNIDÉS

Excellents nageurs, les Sphyrénidés ont un corps cylindrique et allongé, avec une tête pointue. La mâchoire inférieure est nettement proéminente et la bouche s'ouvre largement, laissant apparaître de grandes dents coniques tranchantes.

Ce sont des carnassiers très rapides qui chassent surtout à vue, très sensibles et réactifs à certains mouvements et aux corps brillants.

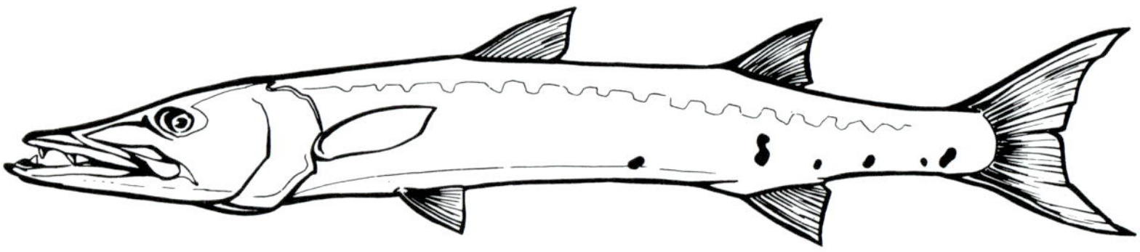

BARRACUDA

Sphyræna barracuda
(Walbaum, 1792)
Great Barracuda
Bécune

Taille : 1 m - 1,80 m
Profondeur : 0 - 18 m

Grenadines

Espace interorbital plat ou même légèrement concave. Quelques taches noires inconstantes en région ventrale.
Un féroce prédateur, dont on a relaté des cas d'attaques contre l'homme, mais presque toujours dans des circonstances particulières : nageur en eau trouble ou provocation par le harpon d'un chasseur sous-marin. Incontestablement, le Barracuda se plaît à rôder autour des plongeurs et n'hésite pas quelquefois à dévorer les poissons que le chasseur sous-marin accroche à sa bouée (on évitera donc de garder les poissons à la ceinture). En réalité, le danger du Barracuda réside plus certainement dans la consommation de sa chair. C'est en effet l'espèce impliquée le plus souvent dans les intoxications alimentaires du type ciguatera.

BAMBOKIO *(G)*
BÉCUNE DORÉE *(M)*

Sphyrœna picudilla
Poey, 1860

Southern Sennet

Bécune senne
Brizi
Bécune chandelle

Taille : 30 cm - 45 cm
Profondeur : 1,50 - 18 m

Iles Vierges

Espace interorbital légèrement convexe. Oeil relativement plus gros et caudale souvent plus échancrée que chez la grande Bécune.

Deux bandes jaunes longitudinales. Pas de tache noire. Pour une détermination précise: la nageoire pectorale n'atteint pas l'origine de la pelvienne (elle s'étend en arrière chez *barracuda*) ; l'origine de la première dorsale est à la verticale de l'origine de la pelvienne (en arrière chez *barracuda*).

Poisson vivant en bancs près des côtes et donc souvent capturé à la senne.

Inoffensif et chair comestible sans risque.

FAMILLE DES LABRIDÉS

Les Labridés forment une importante Famille aux couleurs souvent superbes. Dans les mers tropicales, certaines espèces sont représentées en abondance sur les massifs coralliens, surtout par leurs formes juvéniles.

Bien que très variables dans leurs formes, les Labres sont souvent allongés, en cigare, ou en banane. La bouche est petite, souvent protractile avec des lèvres charnues. Les mâchoires portent une ou deux rangées de fortes dents coniques projetées vers l'avant.

Carnivores, ils sont même capables de briser de solides carapaces d'invertébrés. Les formes juvéniles ont un régime très éclectique, souvent "nettoyeurs" d'ectoparasites sur les gros poissons comme les Perroquets, mais aussi pilleurs de pontes à l'occasion. En déplacement lent, ils n'utilisent que la propulsion de leurs nageoires pectorales. Les mouvements ondulatoires mettant en jeu la caudale ne sont employés que pour une fuite rapide.

La détermination des espèces de Labridés peut poser quelques problèmes en raison des changements de phases colorées. Les formes juvéniles sont souvent différentes des adultes et les adultes eux-mêmes passent parfois par une première phase de sexe femelle ou mâle puis par une phase terminale très colorée de sexe mâle. Cette phase ultime, parfois appelée "Supermâle" serait le résultat du changement de sexe d'un individu initialement femelle en première phase.

CAPITAINE DE ROCHE *(G)*
MANICOU *(M)*

Bodianus rufus
(Linné, 1758)

Spanish Hogfish

Banane jaune

Pie

Taille : 25 cm - 38 cm
Poids : 0,30 kg - 1 kg
Profondeur : 3 - 30 m

Bien caractérisé par sa cape bleue (parfois pourpre violacée) sur un ensemble jaune. Les juvéniles sont nettoyeurs. Les adultes, se nourrissent de crabes, oursins et mollusques. Très commun, sur des fonds rocheux ou parmi les gorgones arborescentes.

CAPITAINE

Lachnolaimus maximus
(Walbaum, 1792)
Hogfish
Aigrette

Phase supermâle

Taille : 30 cm - 80 cm
Poids : 2 kg - 8 kg
Profondeur : 3 - 30 m

Iles Vierges

CAPITAINE

Phase intermédiaire

Guadeloupe

Les trois premiers rayons de la dorsale sont larges et allongés ; comparés à 3 galons de capitaine, ils sont d'autant plus remarquables que l'animal les redresse lorsqu'il est inquiété. Une tache noire bien visible à l'arrière de la nageoire dorsale. Hormis ces constantes, couleurs très variables.
Les grands mâles présentent une sorte de casquette marron foncé et un allongement important du museau en forme de groin de porc (Hogfish).
Rencontré aussi bien parmi les récifs coralliens que sur des fonds plats au milieu des gorgones.
Se nourrit de crabes, oursins ou mollusques.

PARROQUETTE

Halichoeres radiatus
(Linné, 1758)
Pudding Wife
Banane verte
Patate verte

Guadeloupe

Taille : 20 cm - 45 cm
Profondeur : 3 - 15 m

PARROQUETTE

Phase juvénile

LT = 10 cm

Guadeloupe

Labridé aux allures de Poisson-perroquet (Scaridés), mais il n'a pas la dentition en forme de bec.
Les juvéniles de forme plus élancée sont reconnus par une grosse tache noire dans la dorsale et un point noir à la base de la caudale.
Se nourrit surtout de mollusques, mais aussi d'oursins ou crustacés.
Très commun.

GIRELLE COMMUNE

Halichoeres bivittatus
(Bloch, 1791)
Slippery Dick
Banane

Phase supermâle

Taille : 12 cm - 20 cm
Profondeur : 1,80 - 12 m

Guadeloupe

GIRELLE COMMUNE

Phase juvénile

Guadeloupe

A noter une bande sombre longitudinale depuis le museau jusqu'à la base de la caudale et une bande plus fine sur le flanc. Une tache bicolore au bord de l'opercule sur le trajet de la bande sombre supérieure.
Le grand mâle se distingue par un vert plus soutenu, une raie diagonale rougeâtre au-dessus de l'oeil et d'autres lignes rouges sinueuses sur la tête et la caudale.
La Girelle la plus abondante aux Antilles.
Se nourrit de mollusques, petits crustacés et oursins.

GIRELLE TÊTE JAUNE

Halichoeres garnoti
(Cuvier et Valenciennes, 1839)
Yellowhead Wrasse
Banane

Phase supermâle

Taille : 12 cm - 18 cm
Profondeur : 3 - 15 m

Guadeloupe

Juvénile orange avec une fine rayure bleue longitudinale.
En phase intermédiaire, persistance de la teinte orangée, mais disparition de la rayure bleue.
Deux lignes noires diagonales au-dessus de l'oeil.
Chez le grand mâle une barre noire verticale délimite une partie antérieure jaune vif ("Tête jaune") et une partie postérieure verte.
Même régime que les autres *Halichoeres* : mollusques, petits crustacés, oursins.
Assez commune.

GIRELLE CLOWN

Halichoeres maculipinna
(Müller et Troschel, 1848)
Clown Wrasse
Banane

Phase supermâle

Taille : 10 cm - 14 cm
Profondeur : 3 - 12 m

Martinique

En première phase, une large bande noire depuis le museau jusqu'à la caudale. Trois rayures rougeâtres transversales sur la tête.
Le grand mâle arbore une grosse tache noire au milieu du flanc et un point noir dans la nageoire dorsale.
Peu commune.

GIRELLE OREILLES NOIRES

Halichoeres poeyi
(Steindachner, 1867)
Black-Ear Wrasse
Banane

Phase supermâle

Guadeloupe

Taille : 10 cm - 20 cm
Profondeur : 0,90 - 9 m

Une constante à tous les stades : une tache noire cerclée de rouge en arrière de l'oeil.
Première phase : jaune vert avec seulement un petit point noir à l'arrière de la dorsale et une ligne noire à la base de la pectorale.
Grand mâle : vert bouteille tacheté de rouge orangé, avec de belles lignes orangées convergentes sur la caudale.
Plus disposée à fréquenter des fonds herbeux où elle est très commune.

GIRELLE A FRONT JAUNE

Halichoeres cyanocephalus
Yellowcheek Wrasse

Guadeloupe

Taille : 8 cm - 15 cm
Profondeur : 18 - 40 m

Juvénile jaune-marron.
Chez l'adulte, dominante de bleu, le jaune ne persiste plus que sur la tête et la nuque.
Assez rare. Les quelques observations ont eu lieu à des profondeurs supérieures à 15 m, sur des fonds constitués de débris coralliens.

GIRELLE TÊTE BLEUE

Thalassoma bifasciatum
(Bloch, 1791)
Bluehead
Banane tête bleue

Phase intermédiaire et supermâle

Taille : 10 cm - 15 cm
Profondeur : 1 - 24 m

Guadeloupe

Juvénile : jaune clair avec une longue bande noire de la tête à la caudale.
En phase intermédiaire, la bande noire est interrompue et se transforme en une succession de taches noires qui finissent par disparaître totalement.
Grand mâle : remarquable par sa tête bleue suivie de deux barres noires verticales puis le reste du corps vert.
Très abondant parmi les récifs. Les juvéniles sont actifs en grand nombre au "nettoyage" d'ectoparasites.

MANIOC *(G)* BOUTEILLE *(M)*

Clepticus parra
(Bloch et Schneider, 1801)
Creole Wrasse
Patate de vin
Banane violette

Taille : 20 cm - 25 cm
Profondeur : 9 - 24 m

Guadeloupe

Poisson de couleur violette avec quelques nuances jaunes en partie inférieure du corps. Dents et arêtes de couleur bleue.
Souvent observés en bancs, en pleine eau, contrairement aux autres Labridés.
Se nourrissent de zooplancton, petites méduses ou divers invertébrés.
Peuvent tournoyer autour des plongeurs, apparemment indifférents à leur présence.

RASON VERT

Xyrichtys splendens
Castelnau, 1855
Green Razorfish

Phase supermâle

Taille : 10 cm - 15 cm
Profondeur : 1,50 - 10 m

Ste Lucie

RASON VERT

Phase intermédiaire

Ste Lucie

Par le profil abrupt de la tête, la silhouette générale a pu évoquer une lame de rasoir.
Forme intermédiaire assez terne avec une caudale bien arrondie.
Le mâle adulte se distingue par un ou deux points noirs sur le flanc.
Sur fonds de sable et herbiers. Se camoufle dans les herbes en prenant une attitude en S. Peut éventuellement s'enfouir dans le sable.
Peu commun.

RASON ROSE

Xyrichtys martinicensis
Cuvier et Valenciennes, 1839
Straight-Tail Razorfish
Rozy Razorfish

Grenadines

Taille : 10 cm - 15 cm
Profondeur : 1,50 - 14 m

Très semblable au précédent, il s'en distingue par une caudale à bord rectiligne et une tache noire à la base de la pectorale. Jamais de point noir sur le flanc.
Se rencontre sur fonds de sable et herbiers. Même comportement que *X. splendens* mais peut-être plus enclin à s'enfouir dans le sable. En patientant quelques minutes on peut le voir ressortir progressivement.
Peu commun.

FAMILLE DES SCARIDÉS

(Poissons-Perroquets)

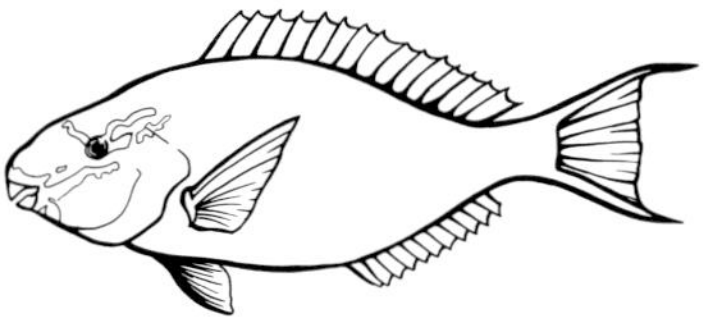

Très abondants sur les récifs coralliens, les Poissons-perroquets doivent leur nom à leurs dents soudées en forme de bec. Mais ils le méritent aussi pour la beauté de leurs couleurs qui n'ont rien à envier aux Aras et autres perroquets Amazones.

Le corps est généralement de forme oblongue avec une tête importante et un museau très arrondi. Les écailles sont larges et coriaces.

Les Poissons-perroquets possèdent une dentition pharyngienne originale, quelquefois appelée "moulin pharyngien" par allusion à la puissance de ces molaires, capables de broyer des morceaux de corail. Ainsi équipés, ils peuvent gratter la surface des coraux avec leur "bec", et après broyage, digérer les matières nutritives des algues et des polypes. Ils rejettent donc dans leurs déjections une importante quantité de corail broyé qui contribue de façon non négligeable à la formation du sable corallien aux alentours des récifs.

Au cours de leurs nonchalants déplacements, entre deux repas, les Poissons-perroquets adoptent un régime de croisière caractéristique, propulsés par leurs seules nageoires pectorales, dans une attitude un peu guindée. A l'occasion, on peut les voir s'arrêter à une "station de nettoyage", dans une position particulière, tête dirigée vers le haut et pectorales écartées, tandis que les petits Labridés et autres nettoyeurs s'activent pour les débarrasser de leurs ectoparasites. La nage rapide par ondulation de la caudale n'est utilisée qu'en cas d'urgence.

Comme chez les Labridés, on observe de grandes variations de couleurs entre les formes juvéniles, les formes intermédiaires qui peuvent être mâles ou femelles et les formes terminales exclusivement mâles. Les formes intermédiaires présentent généralement des couleurs ternes alors que les formes terminales, encore appelées supermâles arborent toujours de belles couleurs vives. Ces supermâles sont des transsexuels qui étaient auparavant femelles en phase intermédiaire.

Les deux Genres présentés ici, *Scarus* et *Sparisoma* se distinguent essentiellement par leurs dentitions:

A Dents inférieures en avant par rapport aux dents supérieures. Une seule rangée d'écailles sous l'oeil.............. *Sparisoma*

AA Dents supérieures en avant par rapport aux dents inférieures. Deux à quatre rangées d'écailles sous l'oeil....... *Scarus*

Pendant la nuit, les Poissons-perroquets dorment sur le fond, mais certaines espèces du Genre *Scarus* ont la particularité de sécréter une sorte de cocon de mucus qui les enveloppe complètement.

Il semble que cette "bulle" transparente (seulement visible par les particules qui peuvent s'y déposer) constitue une chambre d'isolement pour éviter toute détection par d'éventuels prédateurs.

Guadeloupe

Les Poissons-perroquets constituent une part importante de la pêche artisanale aux Antilles, et ils sont appréciés sur les marchés locaux.

Toutes les espèces peuvent être consommées sans risque à condition d'avoir affaire à des pièces de première fraîcheur, car leur chair s'altère rapidement.

Beaucoup de Poissons-perroquets sont localement appelés Chats (prononcer "chattes") ou encore Carpes ou Patates. Les différentes phases colorées sont simplement distinguées en fonction de la couleur dominante : Chat bleu, Chat rose,... Toutefois, pour la cohérence de l'exposé, chaque espèce décrite ici est présentée sous un nom-titre unique.

PERROQUET QUEUE ROUGE

Sparisoma chrysopterum
(Bloch et Schneider, 1801)
Redtail Parrotfish
Chat
Carpe rose (int.)
Carpe bleue (mâle)

Phase supermâle

Guadeloupe

PERROQUET QUEUE ROUGE

Phase intermédiaire

Taille : 25 cm - 45 cm
Profondeur : 1 - 12 m

Saba

Poisson présentant à tous les stades une caudale à bord concave en croissant et une tache noire à la base de la pectorale.
En phase intermédiaire, couleur rosée dominante.
En phase terminale, un remarquable croissant orange dans la nageoire caudale.
Commun sur les récifs mais aussi dans les fonds herbeux où il excelle en mimétisme.

PERROQUET FEU TRICOLORE

Sparisoma viride
(Bonnaterre, 1788)
Stoplight Parrotfish
Chat
Carpe ventre rouge (int.)
Carpe queue jaune (mâle)

Phase supermâle

Guadeloupe

PERROQUET FEU TRICOLORE

Phase intermédiaire

Guadeloupe

Taille : 25 cm - 50 cm
Poids : 0,5 kg - 2 kg
Profondeur : 4 - 24 m

D'une phase à l'autre, passe du rouge au vert.
En phase intermédiaire, on notera le ventre rouge.
En phase terminale, dominance d'une belle couleur verte avec surtout un croissant jaune remarquable dans la nageoire caudale.
Très commun sur tous les fonds coralliens.

PERROQUET A BANDES ROUGES

Sparisoma aurofrenatum
(Cuvier et Valenciennes, 1839)
Redband Parrotfish
Chat gris
Cacabelli blanc
Cacabelli noir

Phase supermâle

Guadeloupe

PERROQUET A BANDES ROUGES

Phase intermédiaire

Taille : 15 cm - 25 cm
Profondeur : 3 - 18 m

Guadeloupe

Petit Poisson-perroquet présentant à tous les stades une tache blanche remarquable sur le pédoncule caudal.
La phase intermédiaire est marron grisâtre avec nageoires et ventre rouge.
En phase terminale, on notera surtout, au-dessus de la nageoire pectorale, une tache orangée contenant un ou plusieurs points noirs.
Très commun.

PERROQUET DE PATURAGES

Sparisoma radians
(Cuvier et Valenciennes, 1839)
Bucktooth Parrotfish
Carpe des pâturages

Taille : 10 cm - 18 cm
Profondeur : 0,90 - 18 m

Guadeloupe

Petit Poisson-perroquet sans caractère vraiment remarquable. La présence de canines à côté du "bec" supérieur, si elle est particulière à l'espèce, n'est pas évidente en observation sous-marine. Coloris moucheté de gris et marron assez terne.
En phase terminale, on notera une barre noire à la base de la pectorale et des marges noires aux nageoires anale et caudale.
Plus facilement repéré en observant son habitat et son comportement : fréquente les lagons où il broute les herbes des pâturages ; en cas de danger, se faufile entre les herbes et adapte rapidement sa couleur au milieu pour devenir très difficile à détecter.
Assez commun.

PERROQUET QUEUE JAUNE

Sparisoma rubripinne
(Cuvier et Valenciennes, 1839)
Yellowtail Parrotfish
Chat
Carpe à épervier
Carpe de basse

Phase intermédiaire

Taille : 30 cm - 43 cm
Profondeur : 0,90 - 10 m

Guadeloupe

En phase intermédiaire, caudale jaune, pelviennes et anale rougeâtres sont les aspects remarquables de cette espèce couramment observée dans des eaux peu profondes au voisinage du déferlement des vagues.
Le mâle en phase terminale, plus rarement observé, est de couleur vert bouteille ou bleu-vert avec une grosse tache noire à la base de la pectorale.

PERROQUET ROYAL

Scarus vetula
Bloch et Schneider, 1801
Queen Parrotfish
Chat bandé
Boutou bleu

Phase supermâle

Guadeloupe

PERROQUET ROYAL

Phase intermédiaire

Taille : 25 cm - 45 cm
Poids : 0,5 kg - 1,5 kg
Profondeur : 3 - 24 m

Guadeloupe

Phase intermédiaire assez terne, avec seulement une large bande blanche diffuse le long du ventre.
En phase terminale, on notera surtout la caudale à centre bleu encadré de deux lobes orange et les lignes bleues, vertes et jaunes sur le museau.
Assez commun.

PERROQUET BLEU

Scarus coeruleus
(Bloch, 1786)
Blue Parrotfish
Wachallou

Taille : 35 cm - 90 cm
Poids : 1,5 kg - 18 kg
Profondeur : 3 - 25 m

Bonaire

Poisson-perroquet au museau bombé, d'une belle couleur bleu azur.
Front jaune seulement chez les jeunes individus.
Supermâle uniformément bleu, le front devenant de plus en plus bossu avec l'âge.
Assez commun sur certains sites, non observé ailleurs.

PERROQUET RAYÉ

Scarus iserti
Bloch, 1789
Striped Parrotfish
Chat

Phase intermédiaire et supermâle

Taille : 15 cm - 25 cm
Profondeur : 3 - 24 m

Guadeloupe

Petit Poisson-perroquet relativement terne en phase intermédiaire : blanchâtre avec trois bandes longitudinales marron foncé, et le front jaunâtre.
Phase terminale caractérisée par une large plage rose sur la joue et autour de la pectorale. Parfois dénommé *Scarus croicensis.*
Assez commun.

ZAWAG FLAMANT

Scarus guacamaia
Cuvier, 1829
Rainbow Parrotfish
Jaco
Awak flamant

Les Saintes

Taille : 60 cm - 90 cm
Poids : 4 kg - 20 kg
Profondeur : 3 - 25 m

Gros Poisson-perroquet à caudale pourvue de longues pointes.
Contrasté entre une tête orange et le corps vert. Bec souligné d'un cercle noir.
Ne présenterait pas de variations notables entre les stades de maturité sexuelle.
Rarement observé et généralement distant. A rechercher dans les zones rocheuses pourvues de grottes et tunnels à ouvertures multiples.

ZAWAG BLEU

Scarus coelestinus
Cuvier et Valenciennes, 1839
Midnight Parrotfish
Awak bleu

Bonaire

Taille : 60 cm - 90 cm
Poids : 4 kg - 20 kg
Profondeur : 4 - 73 m

Gros Poisson-perroquet à caudale pourvue de longues pointes.
De couleur bleu nuit avec quelques marques plus claires sur la tête.
Ne présenterait pas de variations notables entre les stades de maturité sexuelle.
Assez commun sur certains sites, non observé ailleurs. Se plaît dans les paysages anfractueux où de vastes tunnels lui permettent de disparaître rapidement.

PERROQUET PRINCESSE

Scarus taeniopterus
Desmarest, 1831
Princess Parrotfish
Chat bandé
Gueule de bouteille

Phase supermâle

Guadeloupe

PERROQUET PRINCESSE

Phase intermédiaire

Guadeloupe

Taille : 18 cm - 30 cm
Poids : 0,5 kg - 1,2 kg
Profondeur : 3 - 25 m

En phase intermédiaire, semblable à *S. iserti,* mais sans tache jaunâtre sur le front et caudale à bordures foncées.
Phase terminale bleu-vert caractérisée par une large flamèche jaune diffuse sous la pectorale.
Assez commun.

FAMILLE DES OPISTHOGNATHIDÉS

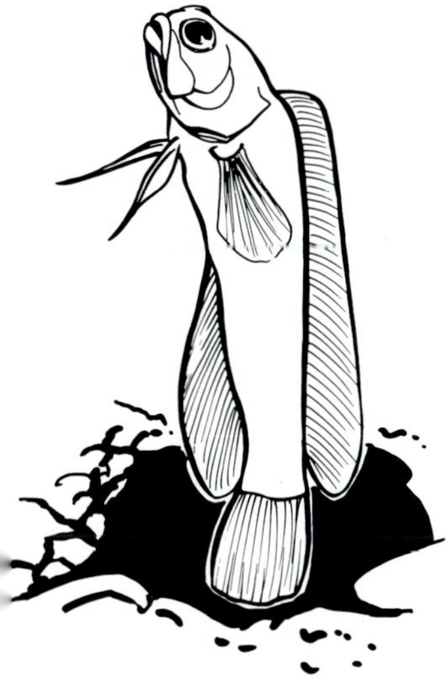

Les Opisthognathidés, petits poissons au corps allongé, ont une grosse tête avec une bouche démesurée, s'ouvrant largement en arrière de l'oeil. La nageoire dorsale s'étend depuis l'arrière de la tête jusqu'au pédoncule caudal. La nageoire anale s'insère sur une grande longueur également. Les nageoires pelviennes, particulièrement longues, sont insérées en avant des pectorales.

Ce sont des carnivores qui vivent dans de petits terriers verticaux aménagés dans le sable et consolidés avec des cailloux ou des fragments de coquillages. Ils chassent au voisinage immédiat de leur trou dans lequel ils entrent la queue la première en cas de danger.

MARIONNETTE A TÊTE D'OR

Opisthognathus aurifrons
(Jordan et Thompson, 1905)

Yellowhead Jawfish

Taille : 5 cm - 10 cm
Profondeur : 3 - 18 m

Guadeloupe

Très joli petit poisson au corps bleu azur avec une tête jaune vif. Sa grosse tête brillante, ses longues nageoires souples et ondulantes comme une robe légère, ses pelviennes écartées et surtout son attitude verticale toujours en mouvement comme sur un pivot lui confèrent incontestablement des allures de marionnette.

On rencontre souvent plusieurs individus vivant dans des trous voisins sur un même fond sablonneux entre des massifs coralliens. Ils se nourrissent en gobant le zooplancton passant à proximité.

MARIONNETTE GRISE

Opisthognathus maxillosus
Poey, 1860
Mottled Jawfish

LT = 15 cm
Guadeloupe

Taille : 8 cm - 15 cm
Profondeur : 0,90 - 8 m

Petit poisson de couleur beige avec de nombreuses taches marron ou grises. Une tache noire remarquable dans la moitié inférieure de la dorsale entre les sixième et neuvième rayons dorsaux.

Espèce pratiquant l'incubation buccale des oeufs.

Vivant dans les trous du littoral, en eau peu profonde et agitée, elle est donc plus difficile à observer que *O. aurifrons.*

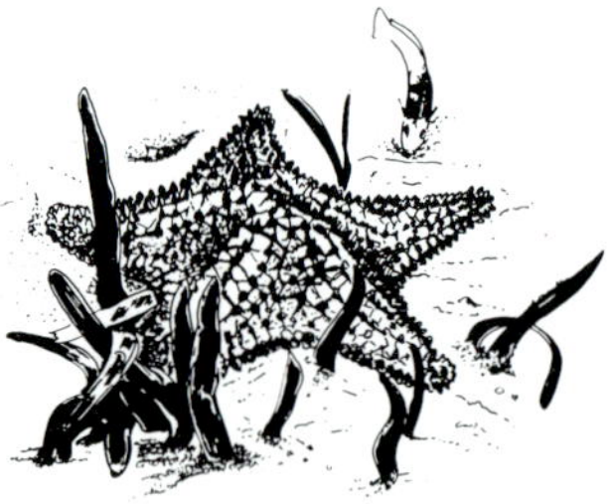

FAMILLE DES BLENNIIDÉS

(Blennies)

Petits poissons allongés, les Blennies sont dépourvues d'écailles, mais leur peau est abondamment pourvue de glandes à mucus protecteur.

La tête, relativement massive, présente un profil caractéristique avec son front bombé et la bouche en position basse.

Ce sont des poissons benthiques, surtout herbivores pour la plupart des espèces.

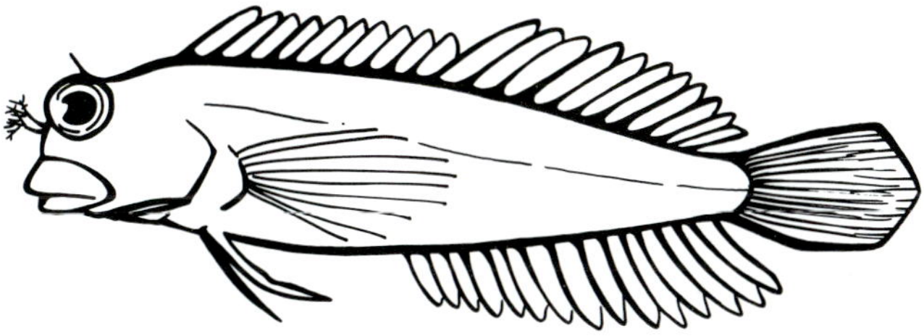

BLENNIE COMMUNE

Ophioblennius atlanticus
(Cuvier et Valenciennes, 1836)
Redlip Blenny

Guadeloupe

Taille : 8 cm - 12 cm
Profondeur : 0,30 - 10 m

Petit poisson de couleur marron. En observation rapprochée on remarque les lèvres rouges à commissures relevées avec un air de sourire.
Toujours posé sur la roche où il se déplace en serpentant par petits bonds successifs.
Se nourrit d'algues filamenteuses.
Très commun et abondant en eaux peu profondes.

FAMILLE DES LABRISOMIDÉS

(Blennies à écailles)

Semblables aux Blenniidés, les Labrisomidés ont un profil plus incliné et le corps couvert d'écailles.

Ce sont des poissons benthiques, essentiellement carnivores.

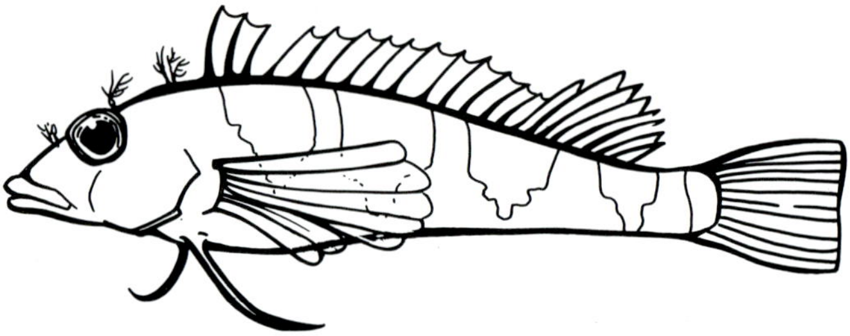

BLENNIE A TRIANGLES

Malacoctenus triangulatus
Springer, 1958
Saddled Blenny

Guadeloupe

Taille : 4 cm - 6 cm
Profondeur : 1,80 - 15 m

Petite Blennie à museau relativement pointu et pourvue de touffes de cirres sur le sommet de la tête.
Couleur jaunâtre avec 5 ou 6 triangles sombres "en selles" le long du dos.
Souvent observée posée sur fond de sable parmi des massifs coralliens.
Très commune.

BLENNIE CHEVELUE

Labrisomus nuchipinnis
(Quoy et Gaimard, 1824)
Hairy Blenny
Dormeur

Phase supermâle

Taille : 12 cm - 20 cm
Profondeur : 0,30 - 7 m

Guadeloupe

BLENNIE CHEVELUE

Phase intermédiaire

LT = 11 cm

Guadeloupe

Poisson à large bouche, caractérisé par ses touffes de cirres juste en arrière des yeux, quatre barres brunes transversales et une tache noire remarquable sur l'opercule. Gorge et ventre rouge chez le mâle adulte.

Les jeunes sont abondants et semblent dormir au soleil dans toutes les flaques du littoral. Les adultes sont plus difficiles à observer : souvent dans les crevasses en eau très peu profonde.

Se nourrit de petits poissons, crustacés, mollusques, oursins et autres invertébrés.

FAMILLE DES GOBIIDÉS

(Gobies)

Les Gobies sont de minuscules poissons abondamment représentés dans le milieu corallien. Beaucoup ont les nageoires pelviennes fusionnées en une sorte de ventouse qui leur permet de se fixer.

Les Gobies, benthiques et essentiellement carnivores, vivent en contact étroit avec le substrat, parfois même en association avec d'autres animaux.

GOBIE POINT D'OR

Gnatholepis thompsoni
Jordan, 1902
Goldspot Goby

Guadeloupe

Taille : 4 cm - 7 cm
Profondeur : 0,60 - 48 m

Gobie à tête massive et à lèvre supérieure proéminente.
Grisâtre, presque transparent. Une ligne noire verticale en travers de l'oeil et surtout un point doré cerclé de noir au-dessus de la pectorale.
Sur fond de sable, se cache rapidement dans les herbes ou débris coralliens.
Assez commun.

GOBIE ÉVELYNE

Gobiosoma evelynæ
Böhlke et Robins, 1968
Sharknose Goby

Guadeloupe

Taille : 2 cm - 3,5 cm
Profondeur : 2 - 30 m

Petit poisson dont le museau arbore un V jaune brillant, se prolongeant en raies longitudinales le long du corps.
Souvent observé fixé sur les coraux mais aussi sur des poissons où il se nourrit d'ectoparasites. Pénètre même dans la bouche ou les branchies de gros poissons pour effectuer ce nettoyage, apparemment apprécié par l'hôte.
Très commun.

GOBIE HÉLÈNE

Ioglossus helenæ
Randall, 1968
Hovering Goby

Guadeloupe

Taille : 7 cm - 12 cm
Profondeur : 6 - 24 m

Silhouette parfaitement fusiforme avec une caudale arrondie.
On observera le couple, rôdant à 10 ou 30 cm au-dessus d'un fond sablonneux. En cas de danger, ils se réfugient, tête la première, dans leur terrier à double entrée, construit en forme de U.
Peu commun.

GOBIE BLEU

Ioglossus calliurus

Blue Goby

Iles Vierges

Taille : 7 cm - 12 cm
Profondeur : 6 - 47 m

Silhouette parfaitement fusiforme et allongée avec une caudale longue et pointue.
On observera le couple, rôdant à 10 ou 30 cm au-dessus du fond de sable ou de débris coralliens. En cas de danger ils se réfugient, tête la première, dans leur terrier à double entrée, construit en forme de U.
Peu commun.

FAMILLE DES ACANTHURIDÉS

(Poissons-chirurgiens)

Les Poissons-chirurgiens se distinguent par la présence d'une paire d'épines latérales à la base du pédoncule caudal (une épine de chaque côté). Chaque épine est aplatie en forme de lame, comparable à un bistouri. Cette lame, repliée au repos dans un sillon horizontal, peut d'ailleurs être dressée et infliger des blessures aux autres poissons ou aux pêcheurs.

Ce sont des herbivores qui se nourrissent essentiellement d'algues filamenteuses parmi les récifs coralliens où ils vivent en bancs souvent importants.

Leur chair étant comestible, ils sont parfois pêchés et vendus sur les marchés, mais leur goût est généralement peu apprécié.

Trois espèces du Genre *Acanthurus* sont présentes aux Antilles.

CLÉ POUR LA DÉTERMINATION DU GENRE *ACANTHURUS*

A Étui du "bistouri" de couleur jaune ;
corps bleu (ou jaune vif chez le juvénile)............................*A. coeruleus*

AA Étui du "bistouri" de couleur sombre ;
corps beige ou marron :

B Rayures verticales marron sur le corps ;
nageoire caudale rectiligne ou à peine concave..........*A. chirurgus*

BB Pas de rayures verticales ; nageoire
caudale franchement concave, en croissant
chez l'adulte...*A. bahianus*

CHIRURGIEN BLEU

Acanthurus coeruleus
Bloch et Schneider, 1801
Blue Tang
Surgien bleu
Bayolle

Taille : 20 cm - 36 cm
Profondeur : 3 -18 m

Guadeloupe

CHIRURGIEN BLEU

Phase juvénile

Guadeloupe

Forme juvénile entièrement jaune vif.
Une forme intermédiaire adopte déjà la couleur bleue sur tout le corps, mais conserve la nageoire caudale jaune.
Les adultes sont entièrement bleus.
Très commun et formant souvent des bancs très importants, au voisinage de coraux ou de roches recouverts d'algues.

CHIRURGIEN RAYÉ

Acanthurus chirurgus
(Bloch, 1787)
Doctorfish
Surgien rélé

Taille : 18 cm - 33 cm
Profondeur : 4,50 - 25 m

Saba

Très variable en coloration, peut passer d'une phase beige à une phase marron foncé. Mais les rayures verticales sont constantes.
Assez commun.

CHIRURGIEN NOIR

Acanthurus bahianus
Castelnau, 1855
Ocean Surgeon
Surgien noir

Taille : 15 cm - 33 cm
Profondeur : 4,50 - 25 m

Guadeloupe

Variable aussi en coloration, entre une phase marron clair et une phase marron foncé, mais le plus souvent noirâtre une fois pêché.
On remarquera les lignes bleues brillantes et rayonnées à partir de l'oeil.
Très commun.

FAMILLE DES SCOMBRIDÉS

Les Scombridés ont une forme allongée, fusiforme, très hydrodynamique. Toutes leurs particularités anatomiques convergent pour en faire des nageurs rapides. La nageoire caudale est large et fourchue, insérée sur un pédoncule étroit, mais renforcé par 2 ou 3 carènes latérales de chaque côté. Des deux nageoires dorsales, la première, épineuse, peut se rabattre à l'intérieur d'un sillon. Les nageoires pectorales, falciformes, peuvent également être escamotées dans des dépressions latérales. Les nageoires dorsale et anale sont suivies d'une série de pinnules assez caractéristiques de la Famille.

Les Scombridés sont des pélagiques, parcourant de grandes distances pour se nourrir. De très nombreuses espèces sont présentes dans les eaux tropicales, mais seules quelques-unes peuvent être rencontrées au voisinage des récifs coralliens.

Aux Antilles, comme dans toutes les mers du monde (Thons et Maquereaux), ils sont pêchés et appréciés pour la qualité de leur chair.

THAZARD MAQUEREAU

Scomberomorus regalis
(Bloch, 1793)
Cero
Painted Mackerel
Sauteu
Maquereau-bonite

Taille : 0,40 m - 1,20 m
Poids : 0,5 kg - 12 kg
Profondeur : 5 - 28 m

Guadeloupe

Reconnaissable à une rangée longitudinale de quelques traînées jaunes formant comme une ligne discontinue. Quelques points jaunes au-dessus et en dessous de cette ligne. Une tache noire à l'avant de la première dorsale.
Se nourrit de Pisquettes, Caillus et autres petits poissons.
Le plus commun des Thazards, souvent observé, rôdant en pleine eau, à quelques mètres au-dessus des fonds coralliens.

THAZARD FRANC *(G)*
THAZARD BLANC *(M)*

Scomberomorus cavalla
(Cuvier, 1829)

King Mackerel
Kingfish

Thazard barré

Taille : 0,90 m - 1,60 m
Poids : 10 kg - 35 kg
Profondeur : 18 - 30 m

LT = 80 cm — Trinidad

Semblable au précédent dans sa forme, mais sa ligne latérale est brusquement incurvée vers le bas en regard de la deuxième dorsale.
Pas de marque colorée distinctive sur une teinte argentée. Pas de tache noire sur la première dorsale.
Se nourrit de poissons ou de calmars.
Plus rarement observé, vraisemblablement parce qu'il fréquente moins volontiers les eaux littorales.

THAZARD BOIS *(G)*
THAZARD RÉLÉ *(M)*

Acanthocybium solanderi

Wahoo

Thazard bâtard

Taille : 0,90 m - 1,60 m
Poids : 10 kg - 60 kg
Profondeur : 18 - 30 m

LT = 75 cm — Trinidad

Thazard surtout remarquable par ses bandes sombres transversales.
Pêché au large, souvent au voisinage des épaves dérivantes (les "bois").
Ne fréquente pas le milieu corallien, cité ici pour comparaison.

FAMILLE DES BOTHIDÉS

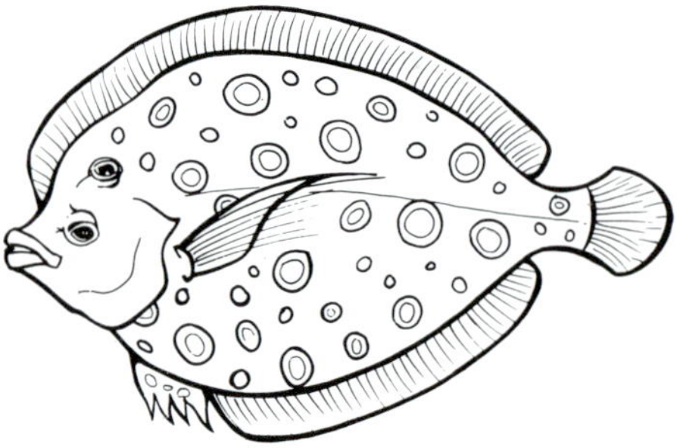

Comme tous les poissons plats de l'Ordre des Pleuronectiformes, les Bothidés ont les deux yeux placés du même côté de la tête. Ces poissons vivant à plat sur le fond, l'un des côtés du corps, dit côté aveugle, reste toujours face au substrat, tandis que le côté porteur des yeux reste orienté vers le haut même pendant les courts déplacements qui s'effectuent par ondulation, parallèlement au fond.

Le poisson étant virtuellement orienté dans le sens vertical (nageoire dorsale en haut et ventrale en bas), on peut distinguer des espèces qui "regardent à gauche" (les deux yeux sur le côté gauche) et d'autres qui regardent à droite.

Les Bothidés normalement regardent à gauche. Les nageoires dorsale et anale, très longues, se prolongent jusque sur la tête. Le côté aveugle est généralement incolore tandis que le côté visible est coloré mais apte au mimétisme. Ils se nourrissent de petits poissons ou d'invertébrés qu'ils capturent près du fond.

CARRELET TROPICAL

Bothus lunatus
(Linné, 1758)
Peacock Flounder
Sole

Taille : 25 cm - 45 cm
Profondeur : 0,60 - 12 m

Guadeloupe

Gris marron avec de nombreux points et cercles bleus. Pigmentation très variable selon le substrat de sorte que ce poisson reste difficile à déceler, sauf lorsqu'il s'enfuit à l'approche du danger.
Assez commun.

FAMILLE DES BALISTIDÉS

(Balistes)

Les Balistes ou Arbalétriers se distinguent par la structure particulière de leur première nageoire dorsale. Celle-ci est constituée de trois rayons rigides, dont le premier est particulièrement développé en une sorte de corne. Lorsque ces trois rayons se redressent par le jeu des muscles, la base du deuxième rayon vient s'encastrer dans une encoche du premier rayon qui se retrouve "verrouillé" en position verticale. Ce mécanisme, qui ne peut retrouver sa mobilité que par une flexion du troisième rayon, a été comparé à celui d'une gâchette de fusil (Triggerfish).

La peau, épaisse et coriace, est couverte d'écailles modifiées en plaques osseuses mobiles souvent garnies de petits tubercules épineux. Chez certaines espèces, le pédoncule caudal porte des excroissances rappelant le "bistouri" des Chirurgiens. Les mâchoires, très robustes, sont garnies de dents en ciseaux et de dents en plaques, qui leur permettent de s'attaquer à des proies aussi difficiles que des crabes, mollusques, coraux ou même des Oursins diadèmes, et cela sans dommage pour leurs yeux placés très hauts à l'écart de la bouche. Les Balistes ramassent souvent leur nourriture en "soufflant" un jet d'eau pour retourner un animal ou simplement le dégager du sable.

Avec leur peau épaisse et rigide, les Balistes sont piètres nageurs. Ce sont surtout la deuxième dorsale et l'anale qui servent de propulseurs. En cas de danger, ce Poisson gagne la plus proche fente de rocher où il peut se bloquer fermement en dressant et verrouillant sa corne dorsale et en abaissant son ossature pelvienne.

Les Balistidés sont localement confondus avec les Monacanthidés (Famille suivante) sous le terme de "Bourse", par allusion, semble-t-il, à la résistance de leur cuir.

Ils sont pêchés et vendus généralement dépouillés sur les marchés locaux où leur chair ferme est bien appréciée.

La Bourse bois, (*Canthidermis maculatus*), grise à taches blanches, pêchée au large sous les "bois" dérivants, figure pour comparaison.

La manipulation de ce poisson très rugueux, à mains nues peut occasionner une intense inflammation douloureuse des doigts.

Pour l'anecdote, avant l'apparition des premiers tampons à récurer les casseroles, la peau des Bourses a été utilisée aux Antilles à cet effet.

BALISTE ROYAL

Balistes vetula
Linné, 1758
Queen Triggerfish
Old Wife
Bourse blanche *(G)*
Vieille femme
Bourse-banc *(M)*

Taille : 30 cm - 56 cm
Poids : 0,5 kg - 3 kg
Profondeur : 3 - 15 m

Grenadines

Baliste remarquable par ses filaments qui prolongent la nageoire dorsale et les deux lobes caudaux, en se développant avec l'âge.
Un “maquillage” outrancier qui entoure ses lèvres de gros traits bleus. De fines lignes bleues sinueuses autour des yeux.
Commun aussi bien sur les récifs que dans les zones sableuses ou herbeuses environnantes. Souvent observé en couple.

BALISTE NOIR

Melichthys niger
(Bloch, 1786)
Black Durgeon
Bourse nègre
Choubouli

Taille : 25 cm - 35 cm
Profondeur : 6 m - 30 m

Guadeloupe

Baliste entièrement noir avec parfois de vagues reflets vert foncé. Une étroite ligne bleue le long des insertions des nageoires dorsale et anale.
Souvent observé en bancs importants en pleine eau à quelques mètres au-dessus des récifs. Se nourrit d'algues sur le fond ou de plancton en pleine eau.

BALISTE DES SARGASSES

Xanthichthys ringens
(Linné, 1758)
Sargassum Triggerfish

Taille : 15 cm - 25 cm
Profondeur : 10 - 76 m

Martinique

Petit Baliste de couleur grise avec des rangées de points noirs sur le corps. Rayures brunes sur la joue.
Les juvéniles sont abondants au voisinage des sargasses flottantes. Les adultes ont le même comportement que *M. niger* et semblent le remplacer sur des fonds au delà de 20 m.

BALISTE GRIS

Canthidermis sufflamen
(Mitchill, 1815)
Ocean Triggerfish
Bourse grise

Taille : 35 cm - 55 cm
Poids : 1,5 kg - 5 kg
Profondeur : 10 - 30 m

Saba

Baliste à silhouette caractéristique avec ses nageoires dorsale et anale très élevées. Uniformément gris avec une grosse tache noire à l'insertion de la pectorale.
Généralement pélagique, mais parfois observé près des récifs du large, le long des tombants.
Se nourrit des plus gros éléments du plancton.

FAMILLE DES MONACANTHIDÉS

(Bourses)

Les Monacanthidés sont très apparentés aux Balistidés, mais présentent généralement une silhouette plus efflanquée et un museau plus allongé.

La première dorsale ne comporte qu'un seul gros rayon en forme de corne et éventuellement un deuxième rayon rudimentaire. Ils possèdent, comme les Balistes, une dentition redoutable, une peau épaisse et coriace mais seulement recouverte de petites écailles granuleuses qui lui confèrent un contact en papier de verre (Filefish).

Ce sont des nageurs lents qui utilisent plutôt l'art du camouflage pour échapper à leurs prédateurs, souvent par mimétisme au milieu de formations arborescentes (algues, gorgones). C'est d'ailleurs dans ce milieu qu'ils trouvent leur nourriture, très variée : éponges, gorgones, madrépores, etc.

Certaines Bourses atteignant une taille marchande sont consommées, une fois dépouillées.

BOURSE NAINE

Monacanthus tuckeri
Bean, 1906
Slender Filefish

Taille : 5 cm - 8 cm
Profondeur : 3 - 18 m

LT = 7,5 cm *Guadeloupe*

Une minuscule Bourse présentant une sorte de réseau blanchâtre en toile d'araignée.
Très discret, apte au mimétisme, à rechercher parmi les gorgones.
Assez commune.

BOURSE CABRIT

Cantherhines macrocerus
(Hollard, 1854)
Whitespotted Filefish
Bourse jaune

Phase unie

Taille : 30 cm - 41 cm
Profondeur : 6 - 21 m

Guadeloupe

BOURSE CABRIT

Phase tachetée

Les Saintes

De forme similaire à *C. pullus*, mais présence de 2 ou 3 paires d'épines de chaque côté du pédoncule caudal. Robe parsemée ou non de taches blanches.
Souvent observée en couple, vraisemblablement le mâle et la femelle. Pour un même format, le mâle se distingue de la femelle par un plus grand développement des épines caudales.
Assez commune, dans des paysages mixtes associant les gorgones aux autres développements coralliens.

BOURSE QUEUE BLANCHE

Cantherhines pullus
(Ranzani, 1842)
Tail-Light Filefish
Bourse bâtarde

Guadeloupe

Taille : 15 cm - 19 cm
Profondeur : 4,5 - 18 m

Bourse de taille modeste avec une tache blanche remarquable juste en arrière de la deuxième dorsale.
Assez commune, souvent observée au voisinage des gorgones.

BOURSE GRAFFITIS

Aluterus scriptus
(Osbeck, 1765)
Scrawled Filefish
Alutère-écriture

Les Saintes

Taille : 40 cm - 70 cm
Profondeur : 6 - 18 m

Bourse à silhouette très allongée et nageoire caudale longue. Surtout remarquable par son magnifique réseau de lignes bleues sinueuses.
Un très joli poisson paisible au régime très éclectique : algues, herbes, gorgones, invertébrés divers et même corail de feu.
Peu commune.

BOURSE ORANGE

Aluterus schoepfii
(Walbaum, 1792)
Orange Filefish

Taille : 35 cm - 50 cm
Profondeur : 3 - 12 m

Iles Vierges

Bourse à nageoire caudale longue et au corps recouvert de nombreux petits points orange.
Se nourrit d'algues ou herbes.
Parfois dénommée *Aluterus punctatus.*
Rarement observée.

BOURSE NYLON *(G)*
BOURSE MORUE *(M)*

Aluterus monoceros
(Linné, 1758)
Unicorn Filefish

Taille : 40 cm - 60 cm
Profondeur : 3 - 12 m

LT = 35 cm Guadeloupe

Poisson au profil très particulier par les contours du menton. Corne dorsale courte et grêle. Peau relativement fine et souple pour une Bourse, peu rugueuse, facile à arracher et donc comparée aux bas nylon par les pêcheurs.
Peu commune.

FAMILLE DES OSTRACIIDÉS

(Poissons-coffres)

Les Poissons-coffres ont le corps enfermé dans une carapace de plaques osseuses hexagonales qui ne laisse de passage que pour la bouche, l'anus, les narines, les ouvertures branchiales et les nageoires. Ils présentent donc un corps rigide, en forme de fer à repasser.

La propulsion ne peut être assurée que par la dorsale et l'anale, la caudale servant surtout de gouvernail, en quoi elle est assistée par les pectorales. Il en résulte une nage lente, très curieuse à contempler, comprenant éventuellement des demi-tours sur place.

Outre la protection de leur armure osseuse, les Poissons-coffres découragent leurs prédateurs par la sécrétion d'une substance toxique. Des glandes cutanées réparties essentiellement autour de la bouche sont spécialisées dans la production de cette toxine, particulièrement en situation de stress.

Ils ont un régime alimentaire très éclectique incluant aussi bien des végétaux que toutes sortes d'invertébrés. Pour la recherche de leur nourriture ils utilisent souvent la technique du jet d'eau buccal.

Tous les Poissons-coffres sont consommés aux Antilles et même très estimés pour leur chair tendre et savoureuse, avec une réserve toutefois pour les viscères et certaines glandes sous-cutanées toxiques qu'on aura soin de bien éliminer et nettoyer complètement.

On distingue deux Genres :

A Présence d'une paire d'épines dirigées vers l'avant au-dessus des yeux..*Acanthostracion*

AA Absence d'épines au-dessus des yeux..............................*Lactophrys*

COFFRE MOUTON

Lactophrys triqueter
(Linné, 1758)
Smooth Trunkfish
Coffre rond
Ti-coffre blanc

Guadeloupe

Taille : 15 cm - 28 cm
Profondeur : 4 - 18 m

Petit Poisson-coffre sans épines.
Noir tacheté de blanc.
Un charmant petit poisson, amusant à suivre dans ses déplacements au milieu des coraux où il se nourrit de toutes sortes d'invertébrés.
Assez commun.

COFFRE ZINGA

Lactophrys bicaudalis
(Linné, 1758)
Spotted Trunkfish

Iles Vierges

Taille : 30 cm - 45 cm
Poids : 0,5 kg - 2 kg
Profondeur : 4 - 18 m

Poisson-coffre relativement allongé, pourvu de deux épines dirigées vers l'arrière en position anale.
Blanc à points noirs (contraire de *L. triqueter*).
Souvent pêché et consommé, mais particulièrement chez cette espèce, des glandes toxiques importantes se trouvent placées de chaque côté en arrière de la tête et doivent être largement enlevées avant préparation.
Assez commun.

COFFRE NID D'ABEILLE

Acanthostracion polygonius
Poey, 1876
Honeycomb Cowfish
Coffre à cornes

Guadeloupe

Taille : 28 cm - 38 cm
Profondeur : 6 - 24 m

Poisson-coffre au front très abrupt, pourvu de deux épines frontales ou "cornes" et deux épines anales.
Reconnaissable aux dessins en nid d'abeilles, comparables aux alvéoles hexagonales des rayons d'une ruche.
Peu commun, mais facile à observer.

COFFRE GRAFFITIS

Acanthostracion quadricornis
(Linné, 1758)
Scrawled Cowfish
Coffre à cornes

Iles Vierges

Taille : 28 cm - 45 cm
Profondeur : 2 - 24 m

Semblable dans sa forme à *A. polygonius* avec, en particulier, les deux "cornes" frontales.
S'en distingue par ses points bleus et lignes bleues irrégulières, remarquablement adaptés au camouflage parmi les gorgones.
Peu commun.

FAMILLE DES TÉTRAODONTIDÉS

(Poissons-globes)

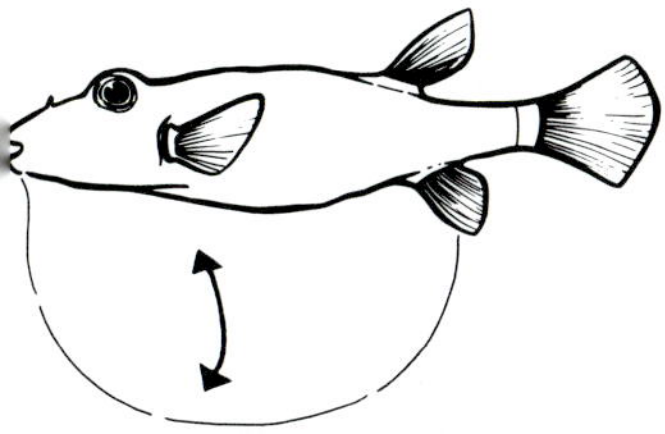

Les Poissons-globes ont la particularité de pouvoir se gonfler lorsqu'ils sont agressés.

Ils présentent une morphologie ovale avec une tête volumineuse. La peau est aussi coriace que du cuir, sans écailles, mais souvent garnie de petits piquants. Les dents sont soudées en forme de bec adapté à un régime alimentaire plutôt coriace, constitué de crustacés, mollusques et morceaux de corail.

Peu rapides dans leurs déplacements, en cas d'agression ils essaient plutôt d'impressionner l'intrus en se gonflant comme des ballons. Ils possèdent une annexe de l'estomac qui peut se remplir d'eau sous l'action des cavités branchiales servant de pompes. Le gonflage est facilité par l'absence de côtes et par la souplesse de la colonne vertébrale. Lorque le poisson est pêché, il peut alors se gonfler d'air, ce qui donne lieu parfois à des jeux aussi cruels que lamentables.

Les viscères des Poissons-globes sont toxiques, tout particulièrement le foie, le tube digestif et les glandes sexuelles. Cette particularité, bien connue au Japon pour certaines espèces désignées sous le terme "Fugu", est due à une toxine (tétrodontoxine) résistante à la cuisson. En cas d'éviscération malpropre, incomplète ou tardive, la toxine peut imprégner la chair et provoquer des empoisonnements. Ces poissons ne sont d'ailleurs pas consommés aux Antilles.

TÉTRODON A CHAINES

Sphoeroides spengleri
(Bloch, 1785)
Bandtail Puffer
Pelpète
Compère collier
Kiou-kiouf *(M)*

Taille : 15 cm - 30 cm
Profondeur : 1,50 - 10 m

Guadeloupe

Tétrodon au corps allongé, remarquable par une chaîne de points noirs le long de chaque flanc. Deux bandes noires verticales sur la nageoire caudale.
Fréquente les herbiers et les fonds sablonneux parfois au voisinage des récifs coralliens.
Assez commun.

PELPÈTE *(G)*
KIOU-KIOUF *(M)*

Sphoeroides greeleyi
Gilbert, 1900
Caribbean Puffer

Taille : 10 cm - 15 cm
Profondeur : 1,50 - 15 m

Poisson plus massif que les précédents, avec une grosse tête ronde et un ventre plus volumineux même au repos.
De couleur olivâtre avec des groupes de petits points marron.
Vit en eaux troubles sur petits fonds de vase, rencontré occasionnellement sur fonds sablonneux.
Assez commun.

TÉTRODON NAIN

Canthigaster rostrata
(Bloch, 1782)
Sharpnose Puffer

Guadeloupe

Taille : 6 cm - 11 cm
Profondeur : 1,5 m - 13 m

Petit Tétrodon au museau pointu.
Arborant de jolis réseaux de points et lignes bleus.
Le seul Tétrodon rencontré régulièrement parmi les coraux, admirable et amusant à observer dans ses mouvements de va-et-vient, demi-tours et même marche-arrière.
Très commun.

FAMILLE DES DIODONTIDÉS

(Poissons-porcs-épics)

Les Diodons sont très voisins des Tétrodons, dont ils se distinguent par leur corps hérissé de piquants. Ils ont la même silhouette ovale, de grands yeux et une dentition en forme de bec.

Ce sont également de piètres nageurs qui, en cas de danger, sont plus volontiers enclins à impressionner l'adversaire en se gonflant. L'effet de dissuasion est évidemment amplifié par l'érection des longues épines. Contrairement aux Tétrodons, ils n'ont pas de diverticule stomacal et l'eau s'accumule dans l'estomac lui-même.

Grâce à leur bec très puissant, ils peuvent se nourrir d'invertébrés même pourvus de coquilles ou de carapaces les plus coriaces. Il n'est d'ailleurs pas recommandé d'aller mettre un doigt dans la bouche d'un Diodon. Certains pêcheurs imprudents ont pu y laisser une phalange.

Il semble que ces poissons soient quelquefois consommés aux Antilles, ce qui représente un travail de patience pour trier les épines. En revanche, ils sont malheureusement pêchés et récoltés pour être ensuite desséchés à l'état gonflé et vendus comme de pitoyables lampions dans des magasins de "souvenirs". Un triste spectacle pour ceux qui auront observé sous l'eau les évolutions et le faciès poupon de ces sympathiques poissons.

On distingue deux Genres : dans le Genre *Chilomycterus* les épines sont dressées en permanence ; en revanche chez le Genre *Diodon*, les épines sont couchées sur la peau, dirigées vers l'arrière et seulement dressées lorsque le poisson se gonfle. Toutes les espèces sont usuellement dénommées sous le terme de "Poisson armé" en Guadeloupe et "Boubou" en Martinique.

Guadeloupe

PETIT DIODON gonflé

PETIT DIODON

Diodon holacanthus
Linné, 1758
Spiny Puffer
Balloonfish
Pelpète, Corossol
Poisson armé
Porc-épic brun
Boubou

Taille : 20 cm - 50 cm
Profondeur : 2 - 15 m

Guadeloupe

Poisson complètement recouvert d'épines rabattues vers l'arrière au repos.
Ventre blanc et dos marron clair parsemé de points noirs. Pas de points noirs sur les nageoires.
Fréquente les herbiers et même les mangroves, occasionnellement observé sur les récifs.
Assez commun.

DIODON DE ROCHE

Diodon hystrix
Linné, 1758
Porcupinefish
Pelpète
Poisson armé
Porc-épic
Boubou

Taille : 40 cm - 90 cm
Profondeur : 3 - 18 m

Iles Vierges

De même forme que *D. holacanthus* mais généralement beaucoup plus gros.
Se distingue essentiellement par la présence de très nombreux petits points noirs sur tout le corps, y compris les nageoires.
Habitant des récifs coralliens.
Assez commun.

DIODON ARAIGNÉE

Chilomycterus antillarum
ordan et Rutter, 1897
Web Burrfish
Pelpète
Poisson armé
Boubou

Taille : 15 cm - 30 cm
Profondeur : 1,50 - 25 m

St Eustache

Poisson de forme ovale recouvert d'épines plus courtes que chez les précédentes espèces, mais dressées en permanence.
Robe dominée par un réseau noir "en toile d'araignée".
Rarement observé.

DIODON A ANTENNES

Chilomycterus antennatus
(Cuvier, 1818)
Bridled Burrfish
Pelpète
Poisson-armé
Boubou

Taille : 12 cm - 25 cm
Profondeur : 2 - 12 m

Guadeloupe

Semblable dans sa forme à *Ch. antillarum* avec des épines courtes mais dressées en permanence. Quelques épines du dessus de la tête sont plus souples et plus allongées comme des antennes.
Corps marron clair parsemé de petits points noirs avec une tache noire ovale au-dessus de l'insertion de la pectorale.
Peu commun.

ANNEXE 1

PRECISIONS SUR LES LUTJANIDÉS

La ressemblance entre *Lutjanus jocu* et *Lutjanus apodus* a été souvent source de confusions dans l'utilisation des noms vernaculaires (ex : l'Arrêté Préfectoral relatif aux Poissons vénéneux désigne *L. apodus* sous le terme de "Pagre dents de chien" et *L. jocu* "Pagre jaune"). Il convient pourtant de souligner que *L. apodus* a effectivement des nageoires jaunes et mérite bien le terme "Pagre jaune", par opposition à *L. jocu* qui ne présente aucune trace de cette couleur. Par ailleurs la dénomination "Pagre dents de chien" est plus cohérente avec le "Dog Snapper" utilisé par tous les auteurs anglophones pour désigner *L. jocu.* Quoiqu'il en soit, la conduite à tenir est la même pour ces deux espèces dont la consommation sera envisagée avec prudence (risque de ciguatera).

Lutjanus apodus — *Lutjanus jocu*

Extrait de
l'**Arrêté Préfectoral** n° 94-77 bis du 11 Janvier 1994
portant réglementation de l'exercice de la pêche maritime et côtière
dans les eaux du Département de la Guadeloupe. (*)

CHAPITRE 4 - DISPOSITIONS RELATIVES AUX POISSONS VÉNÉNEUX

Article 18 - La pêche et la vente des poissons appartenant aux espèces suivantes, considérées comme vénéneuses ou nuisibles à la santé des personnes, sont interdites en tout temps:

Noms vernaculaires	Noms scientifiques
Bécune ou barracuda	Sphyraena barracuda
Babiane ou fausse carangue	Seriola faciata
Mayol ou carangue gros yeux	Caranx latus
Carangue jaune	Caranx bartholomaci
Murène verte ou congre vert	Gymnothorax funebris
Pelpet ou pufer	Sphaeroides greeleui

La même interdiction s'applique aux poissons pêchés au nord du parallèle 16° 50' de latitude Nord, appartenant aux espèces de la liste mentionnée ci dessus et aux espèces suivantes:

Noms vernaculaires	Noms scientifiques
Vieille à carreaux	Mycteroperca venenosa
Vieille morue	Mycteroperca tigris
Vieille blanche	Epinephelus morio
Vieille varech	Alphestes afer

La même interdiction s'applique aux poissons, quel que soit le lieu de pêche et dont le poids dépasse 1,5 kilogramme, appartenant aux espèces de la liste suivante:

Noms vernaculaires	Noms scientifiques
Oreille noire	Lutjanus buccanella
Pagre dents de chien	Lutjanus apodéus
Pagre jaune	Lutjanus jocu

La détention à bord de quelque navire que ce soit (de pêche professionnelle ou de plaisance) des poissons mentionnés ci-dessus, est interdite.

(*): Extrait reproduit fidèlement à sa parution officielle, y compris avec ses coquilles dans les noms scientifiques.

ANNEXE 2

VIVANEAUX, SARDES

Les poissons mentionnés ici sortent du sujet strict du livre puisque ce ne sont pas des habitants du milieu corallien proche (cf. les limites de notre sujet en introduction). Néanmoins, il nous a semblé intéressant de les décrire rapidement car, comme leurs cousins coralliens de la Famille des Lutjanidés, le lecteur ne manquera pas de les observer en abondance au débarquement des bateaux de pêche ou sur l'étal du poissonnier.

VIVANEAU FRANC *(G)*
SARDE FRANCHE *(M)*

Lutjanus vivanus
Jordan, 1889
Silk Snapper
Taille : 40 cm - 75 cm
Vivaneau de couleur rose uniforme avec un œil jaune.

LT = 42 cm

VIVANEAU ROUGE *(G)*
SARDE ROUGE *(M)*

Lutjanus purpureus
Poey, 1867
Red Snapper
Taille : 0,50 m - 1 m
Vivaneau de couleur rouge uniforme avec parfois un peu de noir à l'insertion des nageoires pectorales.

LT = 48 cm

VIVANEAU OREILLES NOIRES *(G)*
SARDE OREILLES NOIRES *(M)*

Lutjanus buccanella
(Cuvier, 1828)
Blackfin Snapper
Boucan-nèg

Taille : 35 cm - 50 cm

LT = 38 cm

Semblable au précédent, mais avec une grosse tache remarquable à l'insertion de la pectorale. La nageoire anale déployée offre un contour arrondi (contour anguleux, en pointe chez *Lutjanus purpureus*).
La nageoire caudale ainsi que la nageoire anale sont orangées.
Eventuellement vénéneux (ciguatera).

VIVANEAU ŒIL DE BŒUF *(G)*
SARDE GRAN-ZIÉ *(M)*

Etelis oculatus
Queen Snapper
Taille : 40 cm - 80 cm

Vivaneau fusiforme de couleur rouge remarquable par ses grands yeux.

LT = 45 cm

VIVANEAU TI-ZIÉ *(G)*
SARDE TI-ZIÉ *(M)*

Rhomboplites aurorubens
(Cuvier, 1829)
Vermilion Snapper

Taille : 30 cm - 50 cm

LT = 32 cm

Vivaneau rouge franc.
Vivaneau Tèt-Rond ou Sarde Tèt-Rond (*Pristipomoïdes macrophthalmus*) est très voisin (cf. clé des Lutjanidés).

GLOSSAIRE

Adipeux : composé de tissus graisseux (paupière adipeuse, nageoire adipeuse).

Alevin : jeune poisson, présentant généralement des caractères morphologiques et anatomiques différents des adultes.

Anatomie : étude de la structure et de la forme des organes et appareils constituant un animal.

Antérieur : placé à l'avant.

Appendice : nom donné à certaines parties, généralement allongées et étroites, qui sont fixées sur des parties plus massives.

Aquariophilie : élevage de poissons d'ornement en aquarium.

Atypique : différent du type normal d'une Famille, d'un groupe.

Banc : groupe de nombreux poissons nageant ensemble.

Barbillon : filament tactile et gustatif placé extérieurement de chaque côté de la bouche, chez certains poissons.

Benthique : vivant sur le fond marin ou enfoui dans le sédiment ou même restant toujours à proximité du fond (s'oppose à pélagique).

Biologie : étude des êtres vivants.

Caractère : signe particulier auquel on se réfère pour distinguer un animal (ex.: caractère de détermination).

Carène : renforcement latéral, de chaque côté du pédoncule caudal, en forme de carène de navire ; constituées d'écailles épaisses et anguleuses, les carènes latérales sont typiques des nageurs rapides.

Carnivore : qui se nourrit de la capture d'autres animaux.

Caye : barre de récifs coralliens, affleurant la surface et sur lesquels les vagues se brisent. Les longues cayes délimitent souvent un lagon de faible profondeur entre la côte et le large.

Céphalopodes : Classe de mollusques à coquille réduite ou absente et dont le pied est divisé en 8 ou 10 tentacules (ex. : Poulpe, Calmar, ...).

Cirres : filaments charnus fins et flexibles, participant parfois à la formation de franges.

Coalescents : qui se rejoignent pour être pratiquement confondus (ex. : des taches coalescentes).

Copulateur : utile à la copulation, c'est-à-dire l'accouplement (ex. : organe copulateur).

Corallien : formé de coraux.

Coraux : nom général par lequel on désigne des polypes à squelette calcaire associés en colonie ; chaque polype est un animal ressemblant à une minuscule Anémone de mer ; ces polypes sont réunis entre eux par un squelette calcaire (on dit aussi Madrépore).

Crustacés : Classe d'animaux à carapace articulée comprenant par exemple les Crevettes, Langoustes, Crabes etc...

Cutané : relatif à la peau.

Déclive : situé vers le plus bas (ex. : en partie déclive).

Echinodermes : animaux à symétrie rayonnée et recouverts d'épines plus ou moins longues, parmi lesquels on connaît les Étoiles de mer, Oursins, Holothuries, Ophiures et Crinoïdes.

Ectoparasite : parasite qui vit fixé sur la peau des animaux.

Espèce : ensemble des êtres vivants ayant la même apparence et qui se reproduisent exclusivement entre eux pour donner naissance à des êtres identiques.

Falciforme : qui est en forme de faux.

Fécondation : rencontre et fusion du spermatozoïde du mâle et de l'ovule de la femelle pour donner un oeuf.

Fuselé, Fusiforme : en forme de fuseau.

Gorgones : nom général par lequel on désigne des colonies de polypes comparables aux polypes coralliens mais réunis entre eux par un squelette corné souple ; certaines sont appelées Éventails de Vénus.

Gracile : mince et élancé.

Grégaire : se dit des animaux qui vivent en troupes.

Grêle : long et mince.

Holothurie : Echinoderme allongé, de consistance relativement molle, vivant sur les fonds sablonneux ou herbeux, encore appelée "Concombre de mer"

Inférieur : situé en bas.

Intertropicale : zone située entre le tropique du Cancer (hémisphère nord) et le tropique du Capricorne (hémisphère sud) et donc de part et d'autre de l'équateur.

Invertébrés : ensemble des animaux autres que Vertébrés (dans le milieu marin : Coraux, Gorgones, Mollusques, Crustacés, ...).

Lancéolé : qui se termine en pointe aiguë, après s'être tout d'abord renflé (en forme de lance).

Latéral : qui est sur le côté.

Latéralement : sur le côté.

Lobe : partie arrondie et saillante d'un organe.

Longitudinal : qui est dans le sens de la longueur.

Madrépore : cf. coraux.

Mangrove : formation végétale caractéristique des régions littorales de la zone tropicale, dominée par plusieurs espèces de Palétuviers qui se soutiennent dans la vase par d'innombrables racines-échasses ; la mangrove est un lieu de reproduction pour beaucoup d'espèces de poissons.

Médian : qui est situé au milieu du corps, sur une ligne passant par le milieu suivant sa longueur.

Mimétisme : ressemblance que prennent certaines espèces animales avec le milieu dans lequel elles vivent.

Mollusque : animal invertébré à corps mou ; chez certains Mollusques la coquille est réduite ou absente (Céphalopodes), d'autres ont une coquille unique (Gastéropodes comme le Lambi) ou une coquille à 2 valves (Bivalves comme la Palourde).

Mucus : enduit visqueux et transparent ayant un rôle essentiellement protecteur sur la peau ou les muqueuses de certains poissons.

Omnivore : qui se nourrit indifféremment de substances animales ou végétales.

Ovipare : se dit des espèces dont la femelle pond des oeufs qui se développent dans le milieu extérieur.

Ovovivipare : se dit des espèces dont les oeufs éclosent dans le ventre de la femelle qui donne naissance à des petits vivants (modalité intermédiaire entre ovipare et vivipare).

Pigment : substance colorée naturelle présente chez les êtres vivants, dans la peau ou d'autres organes.

Pélagique : vivant en pleine eau, loin du fond (s'oppose à benthique).

Pinnules : petits ailerons en forme de nageoires présents chez certaines espèces en arrière des nageoires dorsale et anale.

Plancton : ensemble des êtres vivants qui flottent plus ou moins passivement dans les eaux marines ; il est constitué surtout d'organismes transparents et de petite taille, qui peuvent être végétaux (phytoplancton) ou animaux (zooplancton).

Plateau continental : zone marine bordant les continents, s'étendant depuis la limite des plus basses mers jusqu'au talus continental repéré entre 100 et 200 m de profondeur.

Polype : animal ressemblant à une minuscule Anémone de mer, élément de base des colonies appelées Coraux ou Gorgones.

Postérieur : placé à l'arrière.

Postéro-inférieur : placé en arrière et en bas.

Prédateur : animal qui se nourrit après avoir attaqué et tué des proies.

Préhensile : qui a la faculté de saisir.

Protractile : qui peut s'allonger par son propre mouvement.

Réticulé : en forme de réseau.

Sargasse : Algue brune marine.

Saumâtre : se dit d'une eau de mer mêlée d'eau douce (l'eau des estuaires est saumâtre).

Sédiment : dépôt laissé et accumulé par l'eau de mer sur le fond.

Senne ou Seine : filet destiné à être mouillé au large par des embarcations, puis tiré depuis une plage à fond de sable régulier.

Spécimen : individu d'une espèce donnée.

Supérieur : qui est placé en haut.

Systématique : partie des sciences naturelles qui traite de la description des êtres vivants et de leur classification en fonction de relations de parenté.

Venimeux : qui possède un venin et peut l'injecter ; ne pas confondre avec **vénéneux**, qui contient un poison dangereux si on le mange.

Vertébrés : Embranchement des animaux qui ont des vertèbres et par extension une colonne vertébrale et un squelette (les Poissons font partie des Vertébrés).

Vessie natatoire : poche remplie de gaz que l'on trouve dans le ventre de certains poissons ; elle aurait notamment un rôle dans l'équilibration de la flottabilité.

Viscères : organes situés dans la cavité interne du corps : coeur, estomac, foie, intestins, etc.

Vivipare : se dit des animaux dont les petits se forment entièrement dans le ventre de la femelle et naissent complètement développés et sans qu'aucune membrane les enveloppe (opposé à ovipare).

Zoologie : science qui étudie les animaux.

Zoologiste : qui s'occupe de zoologie.

CLASSIFICATION SIMPLIFIÉE* DES POISSONS

CLASSE DES CHONDRICHTHYENS
(Poissons cartilagineux)

ORDRE DES SQUALIFORMES

ORDRE DES RAJIFORMES *(Raies)*

CLASSE DES OSTÉICHTHYENS
(Poissons osseux)

ORDRE DES ÉLOPIFORMES

ORDRE DES ANGUILLIFORMES

ORDRE DES CLUPÉIFORMES

* Restreinte aux Familles représentées dans ce guide (d'après Nelson).

ORDRE DES AULOPIFORMES

ORDRE DES OPHIDIIFORMES

ORDRE DES LOPHIIFORMES

ORDRE DES CYPRINODONTIFORMES

ORDRE DES ATHÉRINIFORMES

ORDRE DES BÉRYCIFORMES

ORDRE DES SYNGNATHIFORMES

ORDRE DES DACTYLOPTÉRIFORMES

ORDRE DES SCORPÉNIFORMES

ORDRE DES PERCIFORMES

ORDRE DES PLEURONECTIFORMES

ORDRE DES TÉTRAODONTIFORMES

INDEX

A

B

N

O

P

T

U

V

BIBLIOGRAPHIE

ALLEN (G.R.) :
Snappers of the World.
F.A.O. Species Catalogue, F.A.O. Fisheries synopsis n°125, vol.6, Rome, 1985.

Actes de la IVè conférence internationale sur la ciguatera (Institut territorial de recherches médicales Louis Malardé, Tahiti, Polynésie française, 4-7 Mai 1992).
Bull. Soc. Path. Exot., 1992, 85 (5bis) : 403-529.

Arrêté Ministériel du 16 Mars 1982 relatif aux noms français officiels et dénominations de ventes admises des poissons marins.
J.O.R.F. du 17 Mars 1982, N.C. p.2753 à 2761.

BÖHKLE (J.E.) and CHAPLIN (C.C.G.) :
Fishes of the Bahamas and adjacent tropical waters.
1 vol., 771 p., 19 x 25, The Academy of Natural Sciences of Philadelphia, Livingston Publishing Company, Wynnewood, Pa, 1968.

BOUCHON (C.) :
La grande encyclopédie de la Caraïbe.
Tome V : le monde marin.
1 vol., Sanoli, 1990.

BOUCHON-NAVARO (Y.) et LOUIS (M.) :
Les poissons des formations coralliennes de la Martinique.
Ann. Inst. Océanogr., Paris, 1986, 62(2) : 251-270.

BOURDEAU (P.) et BAGNIS (R.) :
Facteurs de risque ciguatérique aux Antilles dans la région de Saint-Barthélémy, Saint-Martin et Anguilla.
Rev. Elev. Méd. Vét. Pays trop., 1989, 42 (3): 393-410.

BURGESS
Atlas des poissons d'aquarium marins.
1 vol., T.F.H. Publications, Neptune N.J.

CHASSAING (J.P.) :
Les fonds marins.
1 vol., 43 p., 14 x 21, Parc Naturel de Guadeloupe, Basse-Terre, 1982.

COLLETTE (B.B.) and NAUEN (C.E.) :
Scombrids of the world.
F.A.O. Species Catalogue, F.A.O. Fisheries synopsis n°125, ROME, 1983.

DE GRAAF (F.) :
L'aquarium marin tropical.
1 vol., 295 p., 13 x 21, Elsevier-Sequoia, Paris-Bruxelles, 1975.

EBROIN (A.) :
Art d'accommoder les poissons, les crustacés et les mollusques des Antilles Françaises.
1 vol., 252 p., 21 x 29, E.Kolodziej, Edition et Diffusion de la Culture Antillaise, Fort-de-France, 1977.

EBROIN (A.) :
Poissons venimeux et vénéneux des Antilles Françaises.
1 vol., 80 p., 15 x 17, Emile Desormeaux, Fort-de-France, 1972.

F.A.O. Species identification sheets for fishery purposes, western central atlantic.
5 vol., 17 x 24, F.A.O., Rome, 1978.

GREENBERG (J.) and GREENBERG (I.) :
Guide to corals and fishes of Florida, the Bahamas and the Carribbean.
1 vol., 64 p., 15 x 23, Seahawk Press, Miami Fl., 1977.

GREENBERG (J.) and GREENBERG (I.) :
The living reef.
1 vol., 126 p., 15 x 23, Seahawk Press, Miami Fl., 1979.

GRZIMEK (B.) :
Le monde animal en 13 volumes.
Tome IV : Poissons 1, 1 vol., 482 p., 17 x 24,
Tome V : Poissons 2 et amphibiens, 1 vol., 495 p., 17 x 24,
Stauffacher S.A., Zürich, 1975.

HARPIN (S.) : La pêche à la Martinique.
Dictionnaire encyclopédique des technologies créoles (crèole-français).
1 vol., 175 p., 16 x 24, AMEP, Fort-de-France, 1995.

HOUSBY (T.), OGLESBY (A.), WILSON (J.) et BORIES (A.) :
Le grand livre de la pêche.
1 vol., 191 p., 21 x 30, Gründ, Paris, 1990.

HUMANN (P.), STOLL (C.P.) et RITTER (H.D.) :
Caraïbes.
1 vol., 21 x 29, Glénat.

HUMANN (P.) :
Reef Fish identification: Florida, Caribbean, Bahamas.
1 vol., 396 p., 15 x 23, Ned Deloach, New World Publications Inc., Jacksonville Fl., 1994.

JOHNSON (R.H.) et BAGNIS (R.) :
Requins des mers tropicales et tempérées.
1 vol., 170 p., 13 x 18, Les éditions du Pacifique, 1990.

LEPLAT (F.) :
Traumatismes et envenimations dûs aux poissons marins de Guadeloupe.
Thèse Doctorat Vétérinaire, Lyon, 1992.

LOZET (J.B.) et PETRON (C.) :
Guide sous-marin des Antilles.
1 vol., 144 p., 12 x 18, Delachaux et Niestlé, Neuchâtel, 1991.

MIDROUILLET (G.) et FARRUGIO (H.) :
Antilles d'hier et d'aujourd'hui.
Vol. 3 : La vie marine.
Ed. Emile Desormeaux, Fort-de-France, 1978.

NELSON (J.S.) :
Fishes of the world.
Willy-interscience publication. John Wiley and Sons, New-York, 2nd ed., 1984.

QUOD (J.P.), BOURDEAU (P.), TURQUET (J.) et GUIGNARD (A.) :
La ciguatera dans les DOM-TOM : aspects épidémiologiques et physiopathologiques.
Rec. Méd. Vét., 1994, 170(2/3), 141-146.

RANDALL (J.E.) :
Carribbean reef fishes:
1 vol., 350 p., 14 x 21, T.F.H. Publications, Neptune N.J., 1983.

ROBINS (C.R.) and RAY (G.C.) :
A field guide to Atlantic cost fishes of North America. 1 vol., 320 p., 11 x 18, The Peterson field guide series, Houghton Mifflin Company, Boston, 1986.

SAUVAGE (P.) :
La ciguatera: à propos d'une intoxication collective aux Antilles.
Thèse Doctorat en Médecine, Caen, 1988.

TRYCKARE (T.), CAGNER (E.) et LIMOUZIN (M.) :
Le monde de la pêche et des poissons.
1 vol., 419 p., 26 x 29, Larousse, Paris, 1979.

VERNOUX (J.P.), MAGRAS (M.) et MAGRAS (P.) :
Poissons coralliens des Antilles.
1 vol., 128 p., 11 x 21, Faune et flore des tropiques, Les éditions du latanier, Saint-Barthélémy, 1988.

WHITEHEAD (P.J.P.) :
Clupeoid fishes of the world.
F.A.O. Species Catalogue, F.A.O. fisheries synopsis, n°125, vol.7, Part 1 et 2, Rome, 1985 et 1988.

Produced in the E.C.
by ***Partenaires-Livres***®
on SCA paper